段应碧口述：

我所亲历的农村变革

(1949-1978)

魏登峰 整理

中国农业出版社

图书在版编目（CIP）数据

段应碧口述：我所亲历的农村变革：1949—1978/
魏登峰整理．—北京：中国农业出版社，2018.10
ISBN 978-7-109-24282-1

Ⅰ.①段…　Ⅱ.①魏…　Ⅲ.①农村经济－经济改革－
概况－中国－1949—1978　Ⅳ.①F320.2

中国版本图书馆 CIP 数据核字（2018）第 142555 号

中国农业出版社出版
（北京市朝阳区麦子店街 18 号楼）
（邮政编码 100125）
责任编辑　赵　刚
————————————
北京通州皇家印刷厂印刷　　新华书店北京发行所发行
2018 年 10 月第 1 版　　2018 年 10 月北京第 1 次印刷
————————————
开本：700mm×1000mm　1/16　印张：12.25
字数：192 千字
定价：38.00 元
（凡本版图书出现印刷、装订错误，请向出版社发行部调换）

向远去的岁月致敬

目　　录

1950 年 6 月 30 日，新成立不久的中央人民政府颁布了《中华人民共和国土地改革法》，决定废除地主阶级封建剥削的土地所有制，实行农民的土地所有制。由此，中国农村迎来了第一次天翻地覆的大变革。

第一篇　双岭村的土地改革[①]

一、迎接解放

我的老家是四川省万县下复兴乡（现在重庆市万州区复兴乡）。这里属于乌蒙山区，山高涧深。那时候，山区的村子都很大。我们村从长江到大山顶也是很大一片。村子大，又是山路，我们走完村子一次，得用上整整一天。穷乡僻壤，村子离万县县城也不近，九十里路，乡亲们走到县城，也要一天。现在是沧海桑田了，我们村到县城早就通了柏油路，坐车一个小时就可以到达城区中心位置。

新中国成立前，兵荒马乱，大家生活都很艰难。村里绝大部分都是自耕农，有几户佃农，没有地主。每年阴历二月最难熬，在我们那里叫做"慌二月"。每年阴历二月末开始，大家就没米吃，只能"饿饭"。这种情况一直持续到四月初，那时"小春"如蚕豆之类就上来了。家里都没有粮食，只能到山上找野菜。

我家也不例外。记得那时，我经常独自到山上挖野菜，什么"麻桑袍"、"水马子"的根、"葛根"、"红子"，各类不少。大家还把"红子"做成粑粑，咬着也有劲。总之，山上有很多可以吃的东西。很庆幸有这片大山，靠着这些野菜，乡亲们度过了一个又一个"饿三月"。

我是 1940 年出生的。打祖辈起，就一直务农。我因为年纪比较小，新中国成立前没出过远门，基本就是在村里活动。

日子虽然很苦，童年记忆却不都是苦涩。那时，我到山林放牛经常不

---

① 原题是"我看到的土地改革"，发表在《农村工作通讯》2014 年第 8 期。

回家吃午饭，因为山上有许多可以填饱肚子的东西。我至今还能记起一幅场景，躺在山中的大石板上，嚼着野果子，盯着蓝蓝的天空，悠悠地度过一整天。

我6岁就开始上学了。学校占用一间叫"坨溪寺"的房子。去学校，要走好几里山路。老师除了教我们认字算术之外，还教一些很实用的东西，比如写"祭祖"用的"符纸"卖钱。因为认得字，我从小负责家里写字的事。每到清明，都要给祖先烧供，家里就让我来写祭祀祖先的"符纸"。这些字符的基本格式我至今都还背得出来。

穷乡僻壤，山路远隔。新中国成立前，很少有国民党的大官来过我们村。我是一次没有见到。因为是山区，一直有土匪。据村里的老人讲，土匪们凶得狠，进村就是抢粮抢钱抢女人。每家每户都有土制的猎枪，平时打猎用，险时保家使。一听到土匪来，就有人吹牛角，大家很快拿起猎枪聚到一块。可能是我们村实在没有什么值得土匪惦记的，土匪从没来过我们这个小村子。

当时没有"村"这个概念，我们当地叫"保"。一个行政村就是一保。我们村子叫下复兴乡25保。村里最大的"官"是保长，由乡政府指定。保长下面还有甲长，由各家各户轮流当。他们管理着村里的各项事务，当时主要是收粮收捐。

保长、甲长一般不会来解决民间纠纷的。"断理信"是我们老家解决矛盾纠纷的民间方法。比如，两家人打架了，或是媳妇跟婆婆闹别扭，聘请乡里有名望有权威的人"断理信"，判断是非。如果断完理信了，双方就都得服气。如果不服气，其他乡亲就不干了。"断理信"的场所一般都是约在乡里的一个茶馆，输的人还得付茶钱。村里边也有"断理信"的人。

我在村上时经历了两任保长，一任姓汪，一任姓袁。汪保长不是地主，但家里比较有实力，经常横行乡里。也不知他从哪里搞来一把手枪，别在腰间，整天到处乱晃，欺男逐女，就是老电影中村匪乡霸的形象。大家都怕他，都躲他远远的。袁保长看起来是个读书人，相对比较好一些，没有听到过怎么欺侮乡亲。

我只见过一次国民党的兵，还只是三个乡政府（国民党时期）的兵。他们扛着枪从门口经过，顺手摘了我家树上的李子，我们家没人敢吭声。

丝丝苦涩中带着一份宁静，可能就是我记忆中新中国成立前的家乡生活。

到 1949 年冬天，整个大气候就变了。乡亲们并不知道外边发生了什么事，但总能听到枪声。天天晚上，这里响一枪，那里响一枪。"是不是土匪来了？"大伙有些躁动不安。担心土匪来抢东西，家家户户把猪给杀了，做成腊肉。很多猪还没长大，都是几十斤重的小猪。虽然舍不得，但自家吃了，总比被土匪白抢走好。做腊肉需要用盐巴腌上几天。那些天大家都到镇上买盐巴，镇上很快就没货了。猪杀了，没有盐巴，乡亲们很恼火。但我们村始终也没有出现土匪抢劫的情况。

老家具体是哪一天解放的，我说不清楚了。在我印象中，那年冬天，我九岁，学校提前放了寒假。那天，老师宣布了两件事：第一件是，我们建立了一个新的国家，叫做中华人民共和国；第二件是，大家以后不要再唱"三民主义，吾党所宗"等国民党歌了。

可以说，我没见打什么仗，没看到一支部队来，家乡就这么解放了，我也成了新中国的公民。

二、成立农会

不久，我们村开了一次很盛大的村民大会。

有一天，村上来了一个浙江人。"共产党的干部来了，"村里传开了。他是乡政府派来的，大家都称呼他"工作同志"。他一口老家方言，村里没有人能听懂。没办法，大家就去找一位当过兵的人来翻译，他也听不懂。那个干部就比比划划，总算把意思讲清楚了。"现在解放了，政府叫人民政府；还有是在毛主席和朱总司令领导下的新中国。"当时他拿出了两人照片。他告诉大家，以后再遇到土匪，就赶紧吹牛角，这样部队就会赶过来帮忙。

大概一个礼拜后的一个下午，在山梁子上，突然有人咣当咣当地一边敲锣，一边喊："明天下午，袁家院坝，召开大会，都要参加，不得有误。"

第二天开会时，村民来了好几百，把小院子挤得满满当当。我平生第一次看到这么多村民在一起开会。路远的村民还自带了干粮。

会议宣布了两件事。一是宣布成立农会，村里权力归农会。后来我才知道，全名是叫农民协会。农会有五位干部。他们都是本村的，但我大都不认得。只知道，农会主任姓秦，原来是干长工的。我的三哥也在农会当上了会计。听到宣布名单时，大家一边啪啪拍掌，一边起哄："长工当保长了。"二是宣布"保改村"，因为我们村的地形是"两峡一沟"，所以我们村就叫"双岭村"。

我从后来的种种情况判断，新中国成立前，地下党的同志已经把我们村里摸得一清二楚了。不然，也不可能这么快就能安排好这么多事。

三、清匪反霸

接下来的清匪反霸有点吓人。

有一次，在万县和忠县之间最大的码头——武陵场，政府一下枪毙了八个人，还示众了三天。严格说来，这八个人或是土匪头子，或是当地恶霸。新中国成立前，他们欺压百姓，危害乡里，枪毙他们，大快人心。这也一下震住了方圆几十里。大家都说，共产党不得了，这些人都敢杀，所以大家都老老实实的，漏网的土匪也没有敢动的了。人民政府在老百姓中一下树起了威信。

我看过两次枪毙人的现场。

一次是枪毙崔吉真大地主。新中国成立前，他是靠"捡谷子"发财的。他捡谷子，比较特别。谷子成熟时，别人家刚捆好，他仗着有个在上复兴乡当乡长的叔叔撑腰，去一捆一捆地白捡。谁要是"阻拦"，他的乡长叔叔就会出头。"这就是抢嘛"，但乡亲们是敢怒而不敢言。他捡着捡着谷子，竟然置上了几条船，在长江跑起了运输。公审大会是在乡里一个学校操场上开的，乡亲都跑去看了。批斗时，很多人冲上去控诉了他。

还有一次是在我们乡政府驻地，同时处置的一共有十几个土匪恶霸。刚押着他们到场，一群妇女可能以前受过他们的欺侮，一下拥了上去，拳打脚踢。枪毙对象身上都会贴上一张纸，上面写着姓名，台子两边还贴着他们的罪状，"经××县人民法院批准，执行枪决，立即执行"。但有些人是陪杀，吓唬一下而已。名字上打叉的是真枪决，打勾的就是陪杀。枪不枪毙，当时似乎有一条原则，就是犯没犯命案。我倒是没有听说，哪个该枪毙的没有枪毙，或是枪毙中有冤枉的。

四、查田定产

经过清匪反霸，地方的社会秩序很快就稳定了。接下来做的一件事是查田定产。所谓查田定产，就是在查清各家各户土地的基础上，划分土地等级类别，核定产量。具体办法是依据 1951 年的《农业税查田定产工作实施纲要》。老实讲，当时我们都没有看到这个文件。这是项很专业的活，参加查田定产的同志都得接受专门培训。

这件工作经历的时间不短。开始，每家田地都要丈量。因为是山区，很不便利。后来作了变通，不按面积来，就算稻谷产量。产 400 斤①谷子的地就算成一亩②田。

我参加了田亩登记工作，每次都要写下地块的"位置四至、产量"等详细信息。那时候，工作的同志都很认真，也很公道。为保证准确，不同村之间还会交叉核查一次。

五、划定成分

哪些人可以分到地？这就需要划分阶级成分。当时农村存在两大对立的阶级，即地主与农民。农民里又分富农、富裕中农、中农、贫农、佃农、雇农。简单来说，富农的标准是，剥削程度超过 25%。富裕中农，要请一些短工，但是剥削程度不到 25%。贫农，地不多，自己种自己的地。佃农，自己没有地，租种别人的地。雇农，自己没有地，受雇于他人。

我们村划定成分的事，是农会里那五个人商议来定的。划定过程中，剥削程度太难算了。村里经请示上级后，定了一条政策，不去细算那个25%了，规定"凡是雇长工的就算成富农"。当时，大家都不知道为什么要划成分。但有一点是明白的，如果定成地主、富农，肯定要倒霉。

划定我们家的成分时，发生了两段插曲。我父亲有兄弟四个，严格按

① 斤为非法定计量单位，1 斤＝500 克。——编辑注
② 亩为非法定计量单位，1 亩≈667 平方米。——编辑注

照标准划分，都属于贫农。但看到一大家子都是贫农，觉得"丢脸"，三爸（三叔）自己主动要了个中农。我还有个小叔，20多岁被抓去当兵了，一直没消息。小婶娘在家，自己种不了地，就将自家唯一一小块地出租了。因为出租土地了，她的成分最初被定为地主。随后她就被赶出了老屋。后来，有人来复查，因为她没有劳动力，出租土地又不多，家里也不富裕，又给她取消了地主成分，改成"小土地出租"。

六、减租退押

真正分地之前，村里进行了减租退押。

减租退押之前，佃农是要给地主交租的。地租一般分为三个档：对半开的，产出的一半用来当租，这些都是产量高的好地；四六开的，产出的四成用来当租；三七开的，产出的三成用来当租，这些都是比较差的地，也占了多数。

每年最终具体交多少租，又会随着年景来变动。为少交点租，乡亲们"要计谋"让产量被少估点。那时，大地主都住在县城或乡镇，很少下乡来。每年谷子成熟时，他们就派狗腿子下乡看收成。天气最热的时候，狗腿子到了村里，已是中午。一路走来，走不动了，人都晕了。大家就拿出好吃好喝，同时请来几个会喝酒、灌酒的说客。好不容易吃完饭时，也灌得差不多了，再带狗腿子下地看庄稼。故意领到差一些的地块，还不断地央着说，"今年的庄稼实在不行，收成差。算300斤吧！""好吧。"天气那么热，酒足饭饱的狗腿子根本不细看，就赶着回去汇报了。

尽管如此，当时农民的地租还是很重。实行二五减租，就是规定地主收地租时，最多只能是产量的25％。这样，租就轻多了。退押就是退押金。租地都有押金的，这些都让地主退给农民。

七、算剥削账

挖地主、富农家的浮财，算剥削账，其实就是一条，除留给地主、富农必需生活品外，把他们其他所有财产都"拿"来分。地主家的叫没收，富农家的叫征收。比如房子，地主家的一律充公，强迫他们搬到小房子住；有些富农房子较多，也要征收一部分。在不同的阶段，征收或没收的手段稍微有所区别。

在这过程中，批斗就厉害了。很多地主有金首饰等浮财，不想交出，就藏起来。乡亲们想法逼他们。有好几种手法，捆起来，吊起来。大家都很积极，主要是他拿出来后，大家可以分。一般情况下，地主受不了几下就交代，拿出来了。

清浮财时，气氛很紧张。为了防止地主、富农逃跑，每个村都得有岗哨所，在大路口搭个棚子，由民兵轮流值守。只要有陌生人路过，就会拦下盘问。必须拿出路条才放行，没有路条一律扣住。

接着就是分"胜利果实"。分给谁都是干部说了算。衣服、被子、农具、坛坛罐罐、箱子、铜钱、银元都拿出来分，房子和金子是不拿出来分的。房子一般分给无房的人。金子，我从来没有看到过。我猜测，是直接上交给国家了。分浮财时，我父亲比较聪明，光要了一些农具，没要其他的。

地主被扫地出门后，生活就没有了着落，很多出去讨饭。讨饭时，怕遇到熟人，就跑到远一点的村子。比较远的陈槽有个地主，被收了浮财后，一家子没有吃的。有一次，他家的小姐讨到我家里，三哥还"欺侮"她，要她当媳妇。母亲善良，有同情心，骂了三哥一顿，还拿了吃的给她。

八、均分土地

分完"胜利果实"以后就到分土地了。地主家的地都被没收，富裕中农家多少征收点。分土地的标准就是没收、征收来的土地分给无地少地的。一般佃农原来耕种的就直接分给他了，家里人口多土地就多分，人口少就少分，同时好田坏田搭配着分。

分田地的过程很简单，就是开几个会。分土地，还是有点平均化，但农民都很认可。那时，农会干部没有一点私心，分地比较公道。所以，他们提出来如何分时，没有人会反对。记得分地时，农会的人怎么说，就坚决怎么办。

分地很顺利，我们村几个晚上就分完了。分了以后就发给土地证，没有期限，明确为私有，县政府盖上章，还有县长的名字。那时候，老百姓非常渴望土地。拿到了土地证，农民可高兴了。我还记得，村里一位老佃农拿到土地证时,让我念了好几遍内容。

到1951年上半年,村里土改基本完成。

分地过程中,我帮忙登记。那时,天天都在村部,与农会的干部同吃同住。那段时间,吃得好,顿顿都煮从地主家没收来的腊肉。

土改中,我们家也分了一点地,大概十来石[①]。

九、土改成果

有了地的农民,生产积极性空前高涨。突出表现在两个方面:一是大家很上心,忙着给自家的地增肥。各家各户天不亮就去捡狗屎肥田。还有就是到学校抢粪,刚开始是农民拿粪桶直接挑回去,后来必须拿东西去换。再后来,各家都在学校边上摆上一个粪桶,小孩愿意拉在哪家就拉在哪家。几十个粪桶一字排开,那场面还是比较壮观了。再就是冬天到山上刮树叶。麻桑树的叶子很厚又很大,先大把大把地采下来;也不顾水田泥和水的寒冷,赤脚将麻桑叶踩到泥下。二是冬天也整地了。过去到了冬天,农民们基本不干农活。土改过后,冬天大家也下地了,做些平整修补的活计,地里连一块石头都给拣出来,崩塌的缺口更是修得好好的。家家户户都养起了猪。平常就是喂菜和猪草,催肥的时候喂粮食。猪吃得多,拉得也多。还有鸡,鸡粪也多了,肥料就有了。这样,农业生产很快就上去了。我们村的情况是,产量翻了番。

我家养猪、养鸡,还养了头牛。1951年一算产量,我家7口人打了17担[②](石)谷子(每担100斤),还有两袋酒谷糯稻,70多背篓红薯,吃都吃不完。新中国成立前,我家一头年猪也没杀过,1951年开始,第一次杀年猪,1952年杀了两头肥猪。这些都是我记事以来的第一遭。

吃饱饭的农民,过年、过节一下也来了精神儿。那时候,每个村都组织了剧团。村里头直接打钱,自编自演搞活动。节日里非常热闹,男女老

---

① 石为古时容量单位。一石地相当于产稻谷一石产量的稻田,这些地方的田地,不以亩计,而以其产量来计算,因此,产量高的地,其面积就小;而产量低的地面积就大。新中国成立前湖南、四川等的一些地区是以产量来计地亩的。

② 担为非法定计量单位,1担=50千克。——编辑注

少到学校扭秧歌、打连萧、打腰鼓。过春节时，各村要组织表演队到其他村拜年，要把乡里所有的村串完。表演队自己带被子，演到哪个村，就住在那个村。当然，到哪个村演，那个村就管饭。一看表演队来了，大家伙全都跟着跑。我会吹笛子、拉二胡，每次这样的活动，没有拉下过。

还有就是看露天电影。小时候，看电影可是件享受的事。那时，电影都是在露天放。找一块空旷一点的地，比如，学校的操场、打谷场，用几根竹竿搭起架子，挂上银幕。老式的放映机，用煤油发电机供电。一听说哪个村放电影，大家哪怕举着火把、走上半夜的山路都要去。我还记得，在长江对岸的武陵场外头放电影，我们跑了好久才到放映地，河边是人山人海啊。那次，看的是《列宁在1918》和《难忘的1919》。看完电影后再走回到家时，已是公鸡打鸣了。

土改是新中国成立后在农村进行的第一次伟大变革。这次变革非常成功。我现在回头来看，有两点强烈的感受。一是土改中，干部很公道。那时候，无论是划定成分，分浮财，还是分田地，干部们做得都很公道，没有谋一点私利。二是具体执行政策时，也能根据实际情况变通。做到既符合政策，又符合实际。结果是老百姓信服，大家满意。

土地改革成功了，中国历史上第一次真正实现了"耕者有其田"。有了土地的农民，生产积极性立即被调动出来。被连年战争破坏严重的农业生产力很快恢复，一年后粮食产量就达到了历史最高。曾是满目疮痍的农村大地，很快呈现出一片勃勃生机。

链接资料一：

中华人民共和国土地改革法

（1950年6月28日中央人民政府委员会第八次会议通过）

中央人民政府命令

中国人民政治协商会议第一届全国委员会第二次会议提出的中华人民共和国土地改革法草案，已经中央人民政府委员会第八次会议讨论通过，应自

1950 年 6 月 30 日起公布施行。

此令。

主席　毛泽东

1950 年 6 月 30 日

第一章　总　　则

第一条　废除地主阶级封建剥削的土地所有制，实行农民的土地所有制，藉以解放农村生产力，发展农业生产，为新中国的工业化开辟道路。

第二章　土地的没收和征收

第二条　没收地主的土地、耕畜、农具、多余的粮食及其在农村中多余的房屋。但地主的其他财产不予没收。

第三条　征收祠堂、庙宇、寺院、教堂、学校和团体在农村中的土地及其他公地。但对依靠上述土地收入以为维持费用的学校、孤儿院、养老院、医院等事业，应由当地人民政府另筹解决经费的妥善办法。

清真寺所有的土地，在当地回民同意下，得酌予保留。

第四条　保护工商业，不得侵犯。

地主兼营的工商业及其直接用于经营工商业的土地和财产，不得没收。不得因没收封建的土地财产而侵犯工商业。

工商业家在农村中的土地和原由农民居住的房屋，应予征收。但其在农村中的其他财产和合法经营，应加保护，不得侵犯。

第五条　革命军人、烈士家属、工人、职员、自由职业者、小贩以及因从事其他职业或因缺乏劳动力而出租小量土地者，均不得以地主论。其每人平均所有土地数量不超过当地每人平均土地数百分之二百者（例如当地每人平均土地为二亩，本户每人平均土地不超过四亩者），均保留不动。超过此标准者，得征收其超过部分的土地。如该项土地确系以其本人劳动所得购买者，或系鳏、寡、孤、独、残疾人等依靠该项土地为生者，其每人平均所有土地数量虽超过百分之二百，亦得酌情予以照顾。

第六条　保护富农所有自耕和雇人耕种的土地及其他财产，不得侵犯。

富农所有之出租的小量土地，亦予保留不动；但在某些特殊地区，经省以上人民政府的批准，得征收其出租土地的一部或全部。

半地主式的富农出租大量土地，超过其自耕和雇人耕种的土地数量者，

10

应征收其出租的土地。

富农租入的土地应与其出租的土地相抵计算。

第七条　保护中农（包括富裕中农在内）的土地及其他财产，不得侵犯。

第八条　本法规定所有应加没收和征收的土地，在当地解放以后，如以出卖、出典、赠送或其他方式转移分散者，一律无效。此项土地，应计入分配土地的数目之内。但农民如因买地典地而蒙受较大损失时，应设法给以适当补偿。

第九条　地主、富农、中农、贫农、雇农及其他农村社会阶级成分的合法定义，另定之。

第三章　土地的分配

第十条　所有没收和征收得来的土地和其他生产资料，除本法规定收归国家所有者外，均由乡农民协会接收，统一地、公平合理地分配给无地少地及缺乏其他生产资料的贫苦农民所有。对地主亦分给同样的一份，使地主也能依靠自己的劳动维持生活，并在劳动中改造自己。

第十一条　分配土地，以乡或等于乡的行政村为单位，在原耕基础上，按土地数量、质量及其位置远近，用抽补调整方法按人口统一分配之。但区或县农民协会得在各乡或等于乡的各行政村之间，作某些必要的调剂。在地广人稀的地区，为便于耕种，亦得以乡以下的较小单位分配土地。乡与乡之间的交错土地，原属和乡农民耕种者，即划归该乡分配。

第十二条　在原耕基础上分配土地时，原耕农民自有的土地不得抽出分配。原耕农民租入的土地抽出分配时，应给原耕农民以适当的照顾。应使原耕农民分得的土地（自有土地者连同其自有土地在内），适当地稍多于当地无地少地农民在分得土地后所有的土地，以使原耕农民保持相当于当地每人平均土地数的土地为原则。

原耕农民租入土地之有田面权者，在抽动时，应给原耕者保留相当于当地田面权价格之土地。

第十三条　在分配土地时，对于无地少地人口中若干特殊问题的处理，如下：

一、只有一口人或两口人而有劳动力的贫苦农民，在本乡土地条件允许时，得分给多于一口人或两口人的土地。

二、农村中的手工业工人、小贩、自由职业者及其家属，应酌情分给部分土地和其他生产资料。但其职业收入足以经常维持其家庭生活者，得不分给。

三、家居农村的烈士家属（烈士本人得计算在家庭人口之内）、人民解放军的指挥员、战斗员、荣誉军人、复员军人、人民政府和人民团体的工作人员及其家属（包括随军家属在内），均应分给与农民同样的一份土地和其他生产资料。但人民政府和人民团体的工作人员，得视其薪资所得及其他收入的多少与其对于家庭生活所能维持的程度，而酌情少分或不分。

四、本人在外从事其他职业而家属居住农村者，其家属应酌情分给土地和其他生产资料。其职业收入足以经常维持其家属生活者，得不分给。

五、农村中的僧、尼、道士、教士及阿訇，有劳动力，愿意从事农业生产而无其他职业维持生活者，应分给与农民同样的一份土地和其他生产资料。

六、经城市人民政府或工会证明其失业的工人及其家属，回乡后要求分地而又能从事农业生产者，在当地土地情况允许的条件下，应分给与农民同样的一份土地和其他生产资料。

七、还乡的逃亡地主及曾经在敌方工作现已还乡的人员及其家属，有劳动力，愿意从事农业生产以维持生活者，应分给与农民同样的一份土地和其他生产资料。

八、家居乡村业经人民政府确定的汉奸、卖国贼、战争罪犯、罪大恶极的反革命分子及坚决破坏土地改革的犯罪分子，不得分给土地。其家属未参加犯罪行为，无其他职业维持生活，有劳动力并愿意从事农业生产者，应分给与农民同样的一份土地和其他生产资料。

第十四条 分配土地时，得以乡为单位，根据本乡的土地情况，酌量留出小量土地，以备本乡情况不明的外出户和逃亡户回乡耕种，或作本乡土地调剂之用。此项土地，暂由乡人民政府管理，租给农民耕种。但所留土地最多不得超过全乡土地的百分之一。

第十五条 分配土地时，县以上人民政府得根据当地土地情况，酌量划出一部分土地收归国有，作为一县或数县范围内的农事试验场或国营示范农场之用。此项土地，在未举办农场以前，可租给农民耕种。

第四章　特殊土地问题的处理

第十六条 没收和征收的山林、鱼塘、茶山、桐山、桑田、竹林、果园、芦苇地、荒地及其他可分土地，应按适当比例，折合普通土地统一分配之。为利于生产，应尽先分给原来从事此项生产的农民。分得此项土地者，可少分或不分普通耕地。其分配不利于经营者，得由当地人民政府根据原有习惯，予以民主管理，并合理经营之。

第十七条　没收和征收之堰、塘等水利，可分配者应随田分配。其不宜于分配者，得由当地人民政府根据原有习惯予以民主管理。

第十八条　大森林、大水利工程、大荒地、大荒山、大盐田和矿山及湖、沼、河、港等，均归国家所有，由人民政府管理经营之。其原由私人投资经营者，仍由原经营者按照人民政府颁布之法令继续经营之。

第十九条　使用机器耕种或有其他进步设备的农田、苗圃、农事试验场及有技术性的大竹园、大果园、大茶山、大桐山、大桑田、大牧场等，由原经营者继续经营，不得分散。但土地所有权原属于地主者，经省以上人民政府批准，得收归国有。

第二十条　没收和征收土地时，坟墓及坟场上的树木，一律不动。

第二十一条　名胜古迹，历史文物，应妥为保护。祠堂、庙宇、寺院、教堂及其他公共建筑和地主的房屋，均不得破坏。地主在农村中多余的房屋不合农民使用者，得由当地人民政府管理，充作公用。

第二十二条　解放后开垦的荒地，在分配土地时不得没收，仍归原垦者耕种，不计入应分土地数目之内。

第二十三条　为维持农村中的修桥、补路、茶亭、义渡等公益事业所必需的小量土地，得按原有习惯予以保留，不加分配。

第二十四条　华侨所有的土地和房屋，应本照顾侨胞利益的原则，由大行政区人民政府（军政委员会）或省人民政府依照本法的一般原则，另定适当办法处理之。

第二十五条　沙田、湖田之属于地主所有或为公共团体所有者，均收归国家所有，由省以上人民政府另定适当办法处理之。

第二十六条　铁路、公路、河道两旁的护路、护堤土地及飞机场、海港、要塞等占用的土地，不得分配。已划定线路并指定日期开辟的铁路、公路、河道及飞机场等应保留土地者，须经省以上人民政府批准。

第二十七条　国家所有的土地，由私人经营者，经营人不得以之出租、出卖或荒废。原经营人如不需用该项土地时，必须交还国家。

第五章　土地改革的执行机关和执行方法

第二十八条　为加强人民政府对土地改革工作的领导，在土地改革期间，县以上各级人民政府，经人民代表会议推选或上级人民政府委派适当数量的人员，组织土地改革委员会，负责指导和处理有关土地改革的各项事宜。

第二十九条 乡村农民大会，农民代表会及其选出的农民协会委员会，区、县、省各级农民代表大会及其选出的农民协会委员会，为改革土地制度的合法执行机关。

第三十条 土地改革完成后，由人民政府发给土地所有证，并承认一切土地所有者自由经营、买卖及出租其土地的权利。土地制度改革以前的土地契约，一律作废。

第三十一条 划定阶级成分时，应依据中央人民政府颁布的划分农村阶级成分的决定，按自报公议方法，由乡村农民大会，农民代表会，在乡村人民政府领导下民主评定之。其本人未参加农民协会者，亦应邀集到会参加评定，并允许其申辩。评定后，由乡村人民政府报请区人民政府批准。本人或其他人如有不同意见，得于批准后十五日内向县人民法庭提出申诉，经县人民法庭判决执行。

第三十二条 为保证土地改革的实行，在土地改革期间，各县应组织人民法庭，用巡回审判方法，对于罪大恶极为广大人民群众所痛恨并要求惩办的恶霸分子及一切违抗或破坏土地改革法令的罪犯，依法予以审判及处分。严禁乱捕、乱打、乱杀及各种肉刑和变相肉刑。

人民法庭的组织条例，另定之。

第三十三条 在土地改革完成以前，为保证土地改革的秩序及保护人民的财富，严禁一切非法的宰杀耕畜、砍伐树木，并严禁荒废土地，破坏农具、水利、建筑物、农作物或其他物品，违者应受人民法庭的审判及处分。

第三十四条 为保障土地改革一切措施符合于绝大多数人民的利益及意志，各级人民政府应负责切实保障人民的民主权利，农民及其代表有在各种会议上自由批评及弹劾各方各级的一切工作人员的权利。侵犯上述人民权利者，应受法律制裁。

第六章 附 则

第三十五条 本法适用于一般农村，不适用于大城市的郊区。大城市郊区的土地改革办法，另定之。

本条所称的大城市，由各大行政区人民政府（军政委员会）按城市情况决定之。

第三十六条　本法不适用于少数民族地区。但在汉人占多数地区零散居住的少数民族住户，在当地土地改革时，应依本法与汉人同等待遇。

第三十七条　本法不适用于土地改革业已基本上完成的地区。

第三十八条　凡在本法公布后开始施行土地改革的地区，除本法第三十五、第三十六及第三十七条所规定之地区外，均须按照本法施行。各地何时施行土地改革，由各大行政区人民政府（军政委员会）及省人民政府以命令规定并公布之。

第三十九条　本法公布后，各省人民政府应依本法所定原则及当地具体情况制定当地土地改革实施办法，提请大行政区人民政府（军政委员会）批准施行，并呈报中央人民政府政务院备案。

第四十条　本法经中央人民政府委员会通过后公布施行。

中央人民政府委员会

土地革命后，成为新国家主人的广大农民尤其珍爱新分到手的土地，他们将所有的生产热情都投入了进去。受当时客观生产条件所限，许多重要的生产环节仅仅依靠农户自家并不能有效完成，这时农民的互助传统又一次发挥了大作用。这是农村合作化最初兴起的原因。但其后的发展，更多的是受政治因素和人为干预的影响，虽然实现了形式上的"大跨越"发展，但实质上背离了合作互助的本意。所以，到了 20 世纪 50 年代末期，合作化发展貌似达到了顶峰，实际上却是政策调整的前奏。在全国农业合作化运动的大背景下，段老的家乡——四川省万县双岭村概莫能外。当时正青春年少的段老有着自己的一段亲历，对于那场运动，至今仍然充满了争议。

第二篇　20 世纪 50 年代农业合作化的浮沉①

我 1953 年就到县城上中学了，每年只是寒暑假回村。老实讲，村里很多事了解的就不是很清楚了。有很多事没有亲历，但大致的情况还是知道的。

一、趁热打铁组建互助组

农村土地改革完成以后，就要搞农业的合作化。这是毛泽东同志在七届二中全会讲话中就定下来的。大概的说法是，小农经济是一种处在"十字路口的经济"，必然会产生分化。小农经济发展过程中，因为生产经营的个体差异，一些土地就会被兼并，结果会出现"穷的农民越穷，富的农民越富"的趋势。这样，土改中消灭了的富农又可能会"卷土重来"。为防止这种状况的出现，必须要发展合作化。

我们国家是 1951 年底全面完成土改的。上面也讲了，我们村是偏僻的山区，直到 1952 年年初才真正完成土改。1951 年的 12 月中央就出台了一个关于农业生产互助合作社的决议（指 1951 年 9 月，中共中央召开

---

① 原题是"50 年代农业合作化的浮沉"，发表在《农村工作通讯》2014 年第 10 期

了第一次互助合作会议，讨论通过了《关于农业生产互助合作的决议》），开始以草案的形式发给各地党委试行，后来才成为正式决议。

《决议》的核心要求是要在农村发展互助组。要在土地改革完成以后，趁热打铁把农民组织起来，具体办法就是发展互助合作。"趁热打铁"这个词，在后来总结我国农业合作化经验时，成为了非常重要的一个经验。之所以我国农业合作化发展得这么好，推进得这么快，就是因为我们趁热打铁了，当时推进的阻力就很小，没有等到土改后农村产生了分化时再进行。我读过一本国外学者写的书，也是这么讲的。直到1986年一个中央会议的决议才讲，农业合作化推进得过快过急，才把"趁热打铁"这条经验给否定了。

农业合作化运动大体分为三个阶段：互助组、合作社、人民公社，一直持续到改革开放。

我们村子的合作化发展大体上也是这个步子，但也有些许差异。我们村是大山区，村民居住分散；位于两个乡交界处，离县城和乡政府驻地都很远。很少有上级领导来村子过问，所以无论是互助组还是合作化，我们村总是"落"在后头，从没有走到过前头。我们村因此也从来没有当过什么先进村，村里的干部也没有人被提拔，村里更没有出过什么劳动模范、先进人物。

一般讲互助组分两种：常年互助组和季节互助组（也有叫临时互助组）。我们村1952年土改后，一些村民就自发地组建了互助组。在我印象中，没有哪个干部来组织这件事。因为原来就有基础，一直以来，大家就有互助的传统。

我们村的互助组，包括了所有小组农户，我三哥是组长。我们村大概十二三户人家，有五家住得很远，其余七八户分成两个院子，只是相对靠近一些。

合作互助主要体现在三个环节：插秧、薅秧和收谷。从传统来看，这三个环节是必须合作互助的，单家独户是完成不了的。

第一个环节是插秧。我记得，一到插秧季节，大家就招呼开了。插秧的人家，我们叫事主。家里要插秧了，事主就把附近的亲戚和周围的邻居喊来帮忙。

插秧是很累人的。犁地、耙田、拔秧和插秧等各道工序必须在一天之内做完。首先，天不亮就要去拔秧。拔起来的秧苗，被捆成一小捆一小捆的。然后就回事主家吃早饭。吃完早饭，就把捆好的秧苗挑到田上去，均匀地扔进水田里，大家再开始插秧。其中插得好坏的一个关键，是要保证浑水插秧。如果水是清的，插下去的秧就立不住；浑水时，随着水里的泥慢慢沉淀，新插下的秧就固定住了。所以，犁地、耙田等工序，时间控制和火候掌握都很重要，不能太早也不能太晚，不能太深也不能太浅。

农户是很有劳动智慧的。这也是我们党领导农村工作时，始终坚持注重发挥农民的积极性、创造性的一个重要原因。插秧时，为防止大家偷懒，事主就会请来一位插秧能手，作为速度标准。这位能手会让其他人先下田，他最后一个下。一般是一个人插五竖行。插秧能手插得快，他要超过了你，他就会向你负责那部分弯一下，"替"你插几横行，故意挡一下。土话叫"牛滚凼"。被"牛滚凼"的人脸上就无光了。所以大伙干活都很勤。我三哥插得快，他经常都是最后下去的人。事主家一天要管五顿饭。

老家妇女不下水田，插秧就都是男人的活了。插秧不是重体力活，但其需要机械重复几千次同样动作，对男人们的身体是巨大的考验。一天下来，腰受损最严重。为加快恢复，晚上睡觉时，家里女人就拿一根扁担直直地垫在他男人身下，撑住腰。这样，第二天才能接着去另一家插秧。

第二个环节是薅秧。一季要薅三次。薅秧比较轻松，每个人拿一个棍子，先用脚掌松土，随后再踏平。这起到松土锄草作用的同时，还可以把田里的水搅浑。薅秧的活看似不重，一天实际上要不停地干上十几个钟头。薅秧时，一天也要吃事主五顿饭，其中有两顿饭得在田头吃。

第三个环节是打谷子，就是收谷子。收谷一般是在 8 月下旬 9 月初，一般在八月十五（中秋节）之前就全部收完。那时天气就很热了。凌晨三、四点来钟，天还不亮，大家就下地割谷子。割成的谷子捆成小捆，直接摊在地里晒。一般情况下，上午 11 点钟，就能割完。中午就回事主家吃饭。吃完午饭，大伙睡觉。一直睡到下午四、五点钟的时候，再去地里挑谷子。这时谷子在地里也晒了好几个小时，基本干透了。挑谷子，我们叫"牵担"。挑的时候，谷穗朝下，因此无论路多远，要爬多高的山，都不可以停下，必须一下挑到场坝去打场（打谷子）。然后解开稻捆，将其均匀地平铺在场坝上。再牵着耕牛拉碾子在上面碾。其间还要翻几次，碾几遍。这样谷子才能脱得干净。

劳动也有快乐的。比如，谷场打谷时，大伙就会唱号歌（劳动号子）。那时候，一听哪家唱歌了，就知道哪家在打场。歌有很多，想到什么唱什么，很多是临场发挥的。一般都有个领唱的。像领唱的唱："下田薅秧嘛伙计"，大家就应和："喂呀喂"……"排对排呀，我俩的话儿""你说嘛"。薅秧是站着干，整天都在唱。期间要是有妇女经过，那就更不得了，就会有一些肉麻的词。用现在的话讲，是"荤"的。经过的妇女就会骂。但往往是，她越骂，大伙越唱得欢。

插秧、薅秧和收谷这三个环节必须是统一做。土改后不久就是事主家喊人。有了互助组后，就是互助组统一安排。总之，土改完成后，村里的互助组很容易地就组建成了，而且大家固定搭配，是固定的常年互助组。

互助时工钱怎么算？开始，你到我家做了一个工，我到你家做了一个工，都用本子记着。可记账的纸总是丢。后来，我们就想出了用竹片记工的办法。将山上竹子做成竹片，竹片写上各家各户的名字。我到你家干了几天活了，除吃五顿饭以外，你得再给我一支竹片，记一个工。你到我家干活了，我就给你一支写有我名字的竹片。当时规定，一工是三升谷子，所以一支竹片就能值三升谷子。大家都到八月十五后对总账。比如说，你家有我家的竹片三支，我家有你家的竹片五支，你家就是欠我家两个工。记工时，一般情况下，大人才算，小孩不行。我当时还行，十几岁，能干一些活了，尤其是插秧，算是一把刷子。

用耕牛也要记工。我们村十几户，只有一半有牛。解放前都是自己请。有了互助组后，耕牛也是统一安排。谁家的耕牛负责哪一家，早早就会说好。牛工比人工贵不少，使牛一天得付5升谷子，外加两篓青草和一捆稻草。青草和稻草是用来喂牛的，这是规矩。不过，第二年就又变了。互助组后来规定，无牛户固定使某一家的牛；给报酬时，只给稻草就行。通常情况下，事主除留一点稻草自用，大部分稻草就给牛的主人。你觉得哪个更好呢？牛一年四季，都要吃草。春天、夏天还好说，到处都有青草。可到了冬天，牛就只能吃稻草。当年牛可是大牲口，宝贝得不得了。所以，牛主人宁肯不要谷子，也要多备些牛草。

对于家庭里缺少男劳力的人家，互助组的作用更是决定性的。我记得，村里有一个叫秦本正的，土改后不久就病死了，留下老婆自个带着六、七个娃。按理说，她家应该过得很困难。实际上，并非如此。土改时，她家按人口分到了足够多的地。有了互助组，地里生产能正常进行。不同的是，她可能要多付别人一些工。她自己可以去帮别人做饭，也能算一个工。她家里主要是娃，吃饭不多。所以，她家生活反而过得较好。

所以说，当时的互助组，是得到了老百姓真心拥护。拥护在哪呢？劳动力多的家庭，可以多赚一些谷子。在哪一家干活，还能吃上肉，改善伙食。吃不完的肉，几个帮忙干活的人还能分一下，带回家。

要说互助组真有什么不好，唯一的，还是排队难。农忙季节就那么几天，哪家都想往前面赶。安排谁先谁后，是个很大的问题。弄不好，就会吵架。所以，组长决不能有偏心。为了排好队，组长会召集大家开会。大家来商量，哪家先，哪家后。插秧、薅秧，早一天晚一天，影响不大，排队吵得并不厉害。有时候，遇上田少的几户，一天可以安排几家活。最容易引起争吵的是割谷子。谷子成熟，我们叫黄了。你家谷子黄了的时候，我家谷子也黄了，都想先收完。收谷时，大家都非常担心天气会变。我们山区经常下冰雹，排到后面的万一遇上天气突变，受损失了，那就倒霉了。争议不下时，就得靠抓阄定了。

在那个大型生产工具奇缺的年代，互助组发挥了大作用。1953 年 2 月 15 日，中央正式通过了《关于农业生产互助合作的决议》，并向全党公布，将"农村出现的各种农业生产互助合作组织，作为走向农业社会主义化的过渡形式"而加以肯定。

二、不情愿地建了初级合作社

之后就是合作社。合作社分初级合作社和高级合作社。1953 年的 12 月份，中央作出《关于发展农业生产合作社的决议》，提出要发展合作社。发展合作社是这么一个过程，先是初级阶段，先把几个常年互助组合并转变为初级合作社，然后再转变为高级合作社。

大伙觉得互助组很管用，对其也很满意，大家觉得没有必要改。直到 1953 年底，我们村一点儿动静都没有。那时候我已经到县城上中学，平常都不在家。

我记得这么一件事。1954 年暑假回家，大概是阳历 7 月底、8 月初的一个傍晚，大伙都在村里场坝的大树底下乘凉。乡里的一位干部找到三哥。三哥当时是村民小组组长。这位乡干部说："你们这个常年互助组搞得好，是不是可以先搞转社，转成合作社？"大家就问，怎么做？他讲："把土地和农户合起来，就不分你们家、我们家的了。""第二个，活路大家一起做。"（活路就是干农活）。"打了谷子大家分。""做得多的多分，做得少的少分。"这几句翻译成文件的标准语言就是："土地入股，集体劳动，按劳分配"。听完，大家七嘴八舌地就议论开了。年轻人喜欢在一块，就有说好的，"原来光插秧、割谷子在一块儿干，现在可以天天在一块儿干。"年纪稍微大一点儿的，都反对。此外，家里劳动力强的，土地多的，庄稼做得好的都不赞成。

有点出乎意料的是，秦本正老婆也反对。她说："按你们的方法，是多劳动者会多得，少劳动者会少得，我们家没有劳动力，不合算。现在我请人帮忙插秧就够了。娃儿爷爷不同意。"她的话，我印象非常深刻。

不过，这件事就这么谈了一次后，就很长时间都无音讯了。平常大伙还时不时地议论它。一个总的感觉是：当时好像没有一个人真正赞成的，包括我爸和三哥。所以直到1954年寒假我回家时，村里还是没有动静，仍然是原来的互助组。

1955年暑假我回去时，情况就变了。

有一天晚上，我们在村里场坝乘凉。在乡里当文书的人告诉大伙，上边要马上把合作社搞起来，大家都要入社。他说："毛主席对不搞合作社不满意，都生气了。"这句话我记得非常清楚。我现在想，他们应该听了相关中央文件精神的传达，"要掀起农业合作化高潮"①。

几天后，乡里又来人了。我是碰巧在路上听了他们一耳朵。他们讲，谷子快成熟了，这次就别一家一户自己割了，要赶紧合起来。当时，村民们都很紧张。

有天晚上，村干部在场坝商量这事。这里多讲一句，当年村干部从来都是开门开会。开会时，从不背着老百姓，谁愿意来听都可以，而且普通老百姓也可以发表意见。"别的村都开始搞了，我们村也要搞。""看来合

---

① 1953年大规模经济建设与农副产品供应紧张的矛盾，使中央更加关注如何加强农业发展问题。1953年底中共中央发出《关于发展农业生产合作社的决议》，组织农业生产合作社的运动迅速在全国展开，1954年农业合作社的数量比1953增加了15倍，已大大突破了原定的发展计划。1954年4月召开的第二次全国农村工作会议提出1955年合作社要发展到30万个或35万个。1954年11月召开的第四次全国互助合作会议进一步提出在1955年春耕前将合作社发展到60万个。于是，1954年冬、1955年春全国农村掀起建立合作社的浪潮，1955年3月全国农业合作社达到67万个，经过整顿仍然达到65万个。由于农业合作社短期内增长过快，不少新社在生产经营方面出现许多问题，中央农村工作部部长邓子恢提出整顿和巩固合作社。1955年3月，毛主席同意农业合作社"停、缩、发"的方针。但他在1955年四、五月外出考察后，对中央农村工作部提出的发展合作化方针产生不同的看法。1955年7月31日，毛主席作了《关于农业合作化问题》的报告，对农业合作化的理论与政策作了系统阐述，并对合作化提出新要求，推动全国农业合作化进入高潮。

作社是非搞不可了。""这一季谷子都快熟了，还是各家各户吧。"村民商量的办法是：把这季谷子收了后再搞。村干部认可了这个办法。我感觉到，当时包括干部在内的所有村民的基本看法是：第一必须搞；第二想办法再拖一拖。所以，那一年直到我下半学期开学时，我们村的合作社还没成立。

具体怎么成立合作社，我没在家，我就不知道了。但我那年（1955年）寒假回家时，就有合作社了。其实，还是原来那十几户，只是将互助组名头改为初级合作社。

合作社是怎么组建的呢？我了解了一下，主要是两件事：第一件是农户将自家的土地、耕牛和犁、耙等大农具入股。开始时，上边政策是要根据田的好坏来配股的多少。后来大家就不按这个了，就只按面积了，一担（石）田算一股。当时是以量定亩，产一担米的田就算一亩面积。那时单产不高，要按现在一亩地 667 平方米标准，实际亩数可要大多了。一条成年耕牛算 3 股。牛入股后，还由原户主负责饲养，但使用就归合作社统一调配了。犁和耙算零点几股。

我家总共是 13 股。虽然之前我家地田总产量达 17 石。但增加的产量不算，要按土改时的面积。加入合作社时，只给折算成十石。家里耕牛、农具共折算成三股。

第二件事是计算劳力。劳力分为整劳力和半劳力。劳力干活，合作社记工分。成年男劳力一个工就是十分；成年女劳力一个工就是八分；十五六岁的孩子是四分；再小的娃儿只要干活，就给记一分。

那年暑假在家，有一个现象引起了我的注意。之前，天刚亮大伙就会出来干活。这次却发现天大亮了，各家各户都还没什么动静。一问，他们说："队长还没打招呼呢"。我感觉这是一个大问题，所有的人都变懒了。怎么会这样？因为要统一出工，头天村干部就作出安排。三哥是副社长。头天晚上安排活时，三哥就会拿着话筒喊，"××家明天在××地方干××"，"要带上××农具"。真正要出工时，大家都在等，扒门缝看别人出来了没有，你出来，我才出来。这种变化非常明显。

当然也有例外。比如，我母亲仍然还是老的作息规律，从不睡懒觉，天一亮就起床，然后下地。但她打理的是家里的自留地。当时，所有人都有一块自留地，用来种点菜什么的。我爸就种点烟叶。其他村民家也是类似情况。总之，各家都对自留地照管得非常细心，仍然到处捡狗屎、牛粪，使劲给地增肥。

那时大伙就有"挣工分"的概念了。我有一个侄女。当时她也就十来岁，正在读小学，也要去出工。因为小，她的工分是一分。她不想去，大人就骂："没有工分，吃啥？去给我挣点工分回来。"记得有一次锄地，她实在锄不动，累得直哭。别人说，干不动，回去嘛。但她就是不走，说："计工的还没来。"当时，每天到快收工之前，村里的记工员就会到各处看一下，今天谁出工了，就记上名字。如果记工员没来，你走了就等于白干。等记工员一走，大家就立刻收工走人。这个情况，大伙都心知肚明，但也没有什么好办法，也懒得说什么。

谷子打出来后，就堆在村里的五、六个场坝上。为了防止谷子被偷，村里配了一名专职保管员。当时我们用"盖石灰章"的土办法来保管谷堆。用一个小木头箱，下面做出很多小孔，整体会呈现出一个图形。用时，装上一些碎石灰，到谷堆上摁一下，谷堆就会印上某种形状的石灰图案。谷堆一般是松垮垮的，一碰就会塌掉。所以，只要看到印子图案变了或没了，就可以推测有人动谷子了。这时，就会发动大伙去查。

分配很简单。公粮卖了之后，按占到的股份和记上的工分来分。股份占到总量的20%，工分占到80%。由于工分占到了大头，劳力多的农户家就能多得。像我家这样的劳动力多，人又勤快，出工多的，分到的粮食自然就多。可劳动力少的农户，就不行了。比如说秦正本家，就不够吃了，当年就到我家借粮了。可之前还是互助组的时候，她家可从来没有借过粮。

老实讲，从总产量上看，初级合作社时期并看不出大变化来。打完谷后，场坝上一座座大谷堆，还是那样壮观。可农民的生产积极性下降很多。出工，天天要喊，喊了也是慢腾腾地出门。大伙都在比，比你先出还是我先出，只有看到有人出了我才出。干活时，记工的人一走，自己就跟着走人，回家搞自家的自留地去了。

三、被强迫转为高级合作社

1956年，我在县城上了高中。暑假回到家时，听到村干部开会说，要转高级社。我记得，有位工作同志到村里来参加了，会上念了一个文件。后来我才知道，念的是《高级农业生产合作社生产示范章程》。

高级合作社，跟初级社比有什么不同呢？第一个是变大了。把一个行政村变成一个高级合作社。原来我们村十几户人的互助组，变成了高级合作社的一个生产队。而且所有人必须加入高级合作社。当时的政策是：初级合作社一律要转，全村都转；每家每户必须入社。互助组和初级社时，农户是可以不入的。

第二个是取消了土地、耕牛和农具分红。

第三个是开始搞统购统销。就是交完公粮后，还有交余粮任务。必须把公粮和余粮卖了才可能分红。取消土地分红，反正占到的股份不多，大家意见倒还不多。就是余粮这个事儿，可炸开了锅："我们本来就不够吃，还要卖余粮？"村民们当场嘀咕抱怨起来。村里干部讨论具体哪个队交多少粮，大家觉得无所谓，反正全村统一分配嘛。

我不知道我们村具体什么时候入的高级社，但有一点是清楚的，大家仍然还是采取拖延的办法。当时大伙的想法仍然是，能拖一天是一天，能拖一季是一季。

高级社的农活由社长统一安排。干部每天晚上都要开会部署第二天的劳动任务。每天生产队的记工员将队里的记工情况报到村里会计那里登记。我们是山区，集中劳动有难度。这样社里决定，还是各个生产队负责，但会抽调一些劳动力去建设水利工程之类的活。我记得，老家有一条山间水沟，要修一下，这样下边的田浇水就方便了。社里要求各个生产队都派人参加。讨论时，其他生产队就嚷嚷，不愿派人。有人还讲："我们到你们这个队干了，你们又不到我们队干。"后来，乡领导就说："你们吵什么吵，反正都是统一分配的，他们那儿的也不是他们分。"大伙一想也是，反正在哪儿干也是一样的，就不吵了。

初级社到高级社同样也看不出大变化，只是群众的意见更多了。

1956年，我暑假回家，就经常听到有村民在歇凉时大发牢骚。有一天晚上，就有村民说："这个办法不怎么样。"这时，有人警告说："中央把谁都撤（邓子恢副总理）了。你们说嘛，到时候走不掉（脱不了关系）。"那个年代，村里没有收音机，也见不到报纸。这些消息究竟怎么来，我是不知道。后来，乡里派人来，"警告"大家不能再发牢骚。村民们仍免不了不时地讲几句。当时村里的氛围还好，群众与村干部关系很融洽，村民不"怕"村里的干部，想怎么讲，就怎么讲。如果有上面（乡里）的工作同志在，大家就不再说了。可工作同志一走，大家就又七嘴八舌说不好。这就是大伙对高级合作社的真实态度。所以要问我看到的高级合作社究竟有什么不同，那就是老百姓明显有抵触情绪。

四、两条道路大辩论

1957 年学校放暑假，我回去了。当时全国农村都在开展两条道路大辩论。事件的背景是 1957 年上半年的反右运动，当时中央发出了一个通知（1957 年 6 月 8 日，中共中央发出《关于组织力量准备反击右派分子进攻的指示》）。城里是反右，农村就搞两条道路大辩论，这也是农民自己的说法。

大辩论就是批斗说怪话的人。我们村批斗谁呢？好像是姓秦的富裕中农。可能是我们生产队没有地主、富农，只好批斗他了。在村里开批斗大会，干部就上台讲诸如"我们不能忘本，我们要跟共产党走"，"合作化是好"，"我们要走社会主义道路，不能走资本主义道路"等类的话。批斗时，有人要求扣他的工分。但后来也没有真扣。搞了一两次后，就天天晚上开大会，还批判别的地方的事，像我们还批判湖南、湖北的一些事①。这批评得有点远，但也转移了矛盾焦点，使得乡邻们少了批斗之苦。

两条道路大辩论时，也跟反右斗争一样搞引蛇出洞。我听我妈讲，两条道路大辩论时，开始会把大家召集到一块儿开会，要大家给合作社提建议，说合作社有什么不好。有些人不明就里，就真说不好。大伙就从"说坏话"的人挑出成分高的作为批判典型。

我家里没有人挨过批斗。一个重要的原因是，家里人都有很强的政治敏感性。母亲就说，我们家人开会的时候都只说合作社如何好，所以就都没事。她一个文盲，却把大形势看得清楚。

---

① 1955 年 10 月，党的七届六中全会（扩大）后，由于各方面开展反右倾，助长了社会主义改造中的急躁冒进情绪，全国各地迅速掀起了农业合作化的高潮。但湖南省委对农业合作化运动迟迟未作部署，使运动的开展推迟了两个月，落在全国的后面。

经过两条道路大辩论，就再也听不到说合作社不好的声音了，再也没有谁发牢骚了，包括乘凉的时候。这就算把高级社巩固住了。

分配上，高级社作了一项大改进。我不知道别处是不是这样，我们村是这样的。按政策谷子收割后，应完全按工分分。后来因为交粮多，粮食不够了。我们就作了变通，先拿出一部分按人头分，其余的按工分分。这样劳动力多的家庭就吃亏了，劳动力少（家里小娃多）的就占便宜了。像我家，就恼火了。我们家孩子少，自然就分得少，甚至不够吃了。反而秦本正家又不找我们借粮了。谷子不够，家里就又像新中国成立前那样吃红薯。母亲更加精打细算起每顿饭来，每次用多少米，都是原先装好的一个竹筒。不管多少人，就那么多米，绝不多拿。不够的话，就用红薯、南瓜、野菜等把肚子填饱。

为了能多分点粮，三哥还动了一次手脚。三哥是村里的会计，就将我偷偷算成一个人头。我当时在外读书，每学期都有助学金，国家供应口粮。"在外面读书的也算人头?"很快就被村民发现了。三哥为此检讨了一番。结果是，我又被剔除了。

我家还有一个粮食来源。因为三哥是村干部，乡里来人通常到我家来吃饭。他们吃饭不给钱，就给一个四两米的饭票。饭票是乡里用油印机印的，相当简单，四四方方一小片纸，上面印着"大米四两"四个字。凭这就可以到乡里领回四两大米。那段时期，大家都希望工作同志到自家吃饭。其实，在互助组时期就是这样。但当时不缺粮，所以没有人在乎。我记得，之前都给小娃当纸片玩。自从进了合作社之后，母亲每次收到饭票后，都会小心翼翼地收起来，好好保存。攒到三五张之后，赶紧就去乡政府领回大米。

五、"大跃进"人民公社

两条道路大辩论一结束就是"大跃进"了。"大跃进"中，农村是兴修水利，城里是大炼钢铁。1958年上半年，场面那叫一个热火朝天。

我们那边有一个地方叫水井沟，要修一个小水库。全村的男女老幼齐上阵，都带上工具，天天在那儿干。我记得，1957年寒假回家就已在修这个水库。为表示我们村很积极，当年大年初一，大伙都要干半天活儿。

当时我读的中学也建了几座炉子炼钢铁。1958年的暑假，我没有回家。我白天挑煤炭，在学校参加炼钢铁；晚上去夜校教搬运工人识字。

炼钢铁的方法非常粗糙：把碎铁放炉里，下面烧炭。我们村没有炭，就到山上把树砍来当柴。不难想象，这能炼出什么玩意，根本就不是什么钢铁。

暑假虽然没有回家，但开学后不久，我回去了一趟。因为夏天干活太累，我身体垮了，回家歇了几天。我就看见村民们天天在炼钢铁、修水利，反而不怎么去干农活。

当时全国正在大力搞人民公社化运动。1958年8月底，中央做出了《关于建立农村人民公社的决定》。这个决定出来后的两个月内，全国一下就全面实行了人民公社制度。

我们村的公社怎么建起的？我不清楚。但1958年下半年，我先后三次到过一个叫"一碗水"的公社。"一碗水"是大地名，公社名称不记得了。用现在的话讲，我是去搜集创作素材。当年写诗是一种社会时尚。我是位爱好者，常给学校写写诗、歌词和歌曲。那三次，我是和两位同学一起去体验生活。正是有了这三次下乡的经历，我能近距离地观察人民公社。

当时，基本上是一个乡建成一个人民公社。一个乡的劳动力则组成若干个兵团，男女分别编排。兵团都有自己响亮的名字，有些很革命的，比如叫东方红兵团、战斗兵团；有些比较实在，叫畜牧兵团、水利兵团。公社来统一调动"兵团"，修路的修路，挖沟的挖沟。乡里的供销社则转为了人民公社的供销部，信用社转为了信用部。

第一次去时，"一碗水"人民公社刚建成不久。那时，到处都是标语。人民公社统一干活。你是哪个兵团，你天天去就是了。没有工分，可大家劳动积极性还是蛮高的，排着队上工地，还要喊口号、唱歌。大伙吃公共食堂，而且什么时候去都可以吃。由于吃公家饭，每个人每餐都会敞开来吃。这次去，我记得吃的是干米饭，还有炒菜。当时感觉人民公社真不错。

两、三个月后，我第二次去。那次我主要去看他们的养猪场。因为当地报纸报道他们建了一座"万头猪场"。在那个年代，万头的规模足够震撼人心了。到现场一看，我发现不到200头猪。我就问陪同的公社同志，

"这没有万头啊?"他就讲,其他地方还有呢。等这位同志一走,猪场养猪人就讲,"哪还有什么别处,就是这么多。"他告诉我,公社不准各家各户养猪了,就都合到一块儿了,这就是"万头猪场"。这次吃中午饭,吃得明显就比上次差很多。没有米饭,只有蒸熟的红薯。红薯装在用竹子编成的小篓里,一篓一篓的。吃完了一篓,可以再去提一篓。

第三次去的时候,具体日期也记不清楚了。但还是在 1958 年。也说吃饭的事。这次同样没有米,还是红薯。但只给一篓,吃完就不再给了。那次我是根本没吃饱。

六、50 年代的供销社与信用社

20 世纪 50 年代的合作化运动,大体就是这么一个过程。但上面说的都是生产合作,其实还有供销合作和信用合作。

我还要讲讲这两项合作。早在组建互助组时,我们国家就以乡为单位组建信用合作社和供销合作社了。我们乡开始只有供销合作社,没有建信用社。供销社设了一个信用部,后来才独立成为信用合作社。这两种合作社在当时生产恢复发展时期起很大的作用,老百姓是真心拥护的。

我记得,新中国成立后我们乡供销社在集镇上建了一个货栈。各家各户有什么东西要卖,就拿过去,什么米、鸡蛋、小菜、柴火,都可以。要是以前,就只能卖给镇上那些人。如果不好卖,价格就降得太低;万一到晚上还卖不掉,就得背回来,有些人为了省麻烦,干脆白送人了。有了这个货栈,村民们就再也不用担心卖不出去。货栈会敞开收农副产品,价格还给得比较好,比原来价格高很多。货栈收货从上午十点到下午三、四点钟。下午就将收到的各种货装船,运到万县县城。当时县城有 30 来万人,需求很大。农产品价格就被抬起来了,而且还不愁卖。

我印象最深的是,把鸡蛋价格抬起来了。农村过去都是拿鸡蛋换盐巴。之前 20 个鸡蛋换一斤盐,还差一分钱。盐是一斤一毛七,鸡蛋是八厘钱一个。但自从有了那个供销社货栈后,只用 10 个鸡蛋就可以换一斤盐巴了。

供销社还推广新的农业技术,推广好的猪种。原来我们那儿猪种不好,都是各家各户自己的老母猪。经过多少代了,退化得严重。供销社就从别的县养猪场弄些好猪种来。当时家家户户都养猪，需求大，供应不来，供销社规定，一家就分两个小猪仔。如果有农户没有钱买小猪仔，怎么办？供销社有信用部，可以贷款给农户。后来，信用部从供销社独立出来，单独成立信用合作社，但分开也在一块干活。

推广新式秧田。我们那儿过去是很大的一片秧田，不容易弄平，一块地是有的地方旱，有的地方涝。新式秧田，将大田分割成一小块一小块的，小就容易弄平。供销社不具体帮你干活，只是示范、技术指导，大伙儿跟着学就是。

推广过一个新品种红薯。过去，我们种的红薯是白芯的，蒸出来硬邦邦的。新品种红薯产量高，而且好吃。

推广鱼塘养鱼。我们那儿有很多塘，大家都觉得这是可以利用的资源。为推广养鱼，供销社免费提供鱼苗。供销社根据各户的鱼塘大小，提供相应的鱼苗数量。说起这件事，我还有个"发明"。原先去取鱼苗，都是用瓦罐。那时候正值盛夏，从家到乡政府驻地要走两个多小时。这过程中，因鱼苗太小，路上又不好换水，随着水温上升，很多鱼苗就死了。我想了一个办法，拿一个南瓜，削一个小盖，将里面掏空，再用绳子兜起来，做成一个南瓜罐。南瓜皮厚，里面比较凉快。这样运送鱼苗，成活率挺高。大家都说，这个娃儿有招。后来，乡里面还推广了这个办法。这是我引以为傲的一件事。

说起信用社，我的人生转折还与之相关。

有这么一件事。

1953年我考上县城初中。我们的学校两个班毕业70来个人，考上初中就两个，我一个，还有一个姓崔的同学。崔同学眼睛不行，体检没过关，就只剩下我一个。录取通知来了，要八块钱，六块钱的伙食费，两块钱的书本费（也许是其他杂费）。

那个时候大家都很穷，拿不出又借不到。通知也讲，如果家里面有困难的，可以请乡里开具证明，申请助学金。但这八块钱，一定得先交，才能报到，之后才能申请助学金。去哪儿找八块钱？老父亲思来想去，决定卖掉一头架子猪。通常情况下，卖架子猪是困难户才会干的事。架子猪秋后就可以催肥，催到冬天就能养成大肥猪，到时就能卖很多钱。我家是实在没有办法了。报到之前的一天，那天正是乡里的一个场口（大集），父亲带上我去卖猪。刚走到场口，一个老伙计就走过来了，问起老父亲来。

"怎么卖这个猪呢！"

"娃娃要读书啊。"

"说多少钱？"

"八块钱。"他马上从兜里掏出八块钱给父亲，又拿出一个字条（应该是贷款合同书），顶在一块墙面上用笔填上我父亲的名字、钱数、日期等。他又从下裤兜里掏出一个装有印泥红盒子，让我父亲摁上个手印。完事后，他说，先回去吧，等以后把猪卖了还我。后来父亲告诉我，他是乡信用社的一位干部。

到北京工作后，我在不同场合给很多人讲过这件事。至今我仍是感慨："如果当时没有这八块钱，我今天会是怎么样，真是不可设想。"当时信用社真是为农户解决实际问题，是真正的"合作社"。1958年之后，信用社慢慢变懒了，那就是后话了。

链接资料二：

关于农业生产互助合作的决议

（一）农民在土地改革基础上所发扬起来的生产积极性，表现在两个方面：一方面是个体经济的积极性，另一方面是互助合作的积极性。农民的这些生产积极性，是迅速恢复和发展国民经济和促进国家工业化的基本因素之一。因此，党对于农村生产的正确领导，具有极重大的意义。

（二）解放后农民对于个体经济的积极性是不可避免的。

党充分地了解了农民这种小私有者的特点，并指出不能忽视和粗暴地挫折农民这种个体经济的积极性。在这方面，党是坚持了巩固地联合中农的政策。对于富农经济，也还是让它发展的。根据我们国家现在的经济条件，农民个体经济在一个相当长的时期内，将还是大量存在的。因此，政治协商会议共同纲领曾经指出：应该"使各种社会经济成分在国营经济领导之下，分工合作，各得其所，以促进整个社会经济的发展"，其中即包括了"农民和手工业者的个体经济"。除此之外，共同纲领还有以下的规定："凡已实行土地改革的地区，必须保护农民已得土地的所有权。"

（三）但是，党中央从来认为要克服很多农民在分散经营中所发生的困难，要使广大贫困的农民能够迅速地增加生产而走上丰衣足食的道路，要使国家得到比现在多得多的商品粮食及其他工业原料，同时也就提高农民的购买力，使国家的工业品得到广大的销场，就必须提倡"组织起来"，按照自愿和互利的原则，发展农民互助合作的积极性。这种互助合作在现在是建立在个体经济基础上（农民私有财产的基础上）的集体劳动，其发展前途就是农业集体化或社会主义化。

长时期以来的事实，证明党中央这个方针是完全正确的。政治协商会议共同纲领根据人民解放区长期的经验和党中央的方针，曾经作出了正确的规定："在一切已彻底实现土地改革的地区，人民政府应组织农民及一切可以从事农业的劳动力以发展农业生产及其副业为中心任务，并应引导农民逐步地按照自愿和互利的原则，组织各种形式的劳动互助和生产合作。"显然，党中央的和共同纲领上的这个方针在实际上教育着广大农民，使他们逐步地懂得劳动互助和生产合作比起单纯的孤立的个体经济有极大的优越性，启发他们由个体经济逐步地过渡到集体经济的道路。

（四）各地农民在农业生产上的互助合作运动的发展是随着各地农村经济的发展与生产的要求，而有各种不同的历史和复杂的形式，但是大体上有三种主要的形式。第一种形式是简单的劳动互助，这是最初级的，主要是临时性的，季节性的。这种形式在老解放区从开始到现在都是最大量的，在新解放区也是适合于农民固有的互助习惯，便于大量发展的。

但这种形式一般地都是小型的；除了个别情况的需要以外，一般地也只能是以小型的为适宜。第二种形式是常年的互助组，这是比第一种形式较高的形式。它们中有一部分开始实行农业和副业的互助相结合；有某些简单的生产计划，随后逐步地把劳动互助和提高技术相结合，有某些技术的分工；有的互助组并逐步地设置了一部分公有农具和牲畜，积累了小量的公有财产。这类形式在各地还占少数；但在简单的劳动互助运动已有基础的地区，即广大农民已经由组织起来克服困难、而在生产上已有某些发展和在生活上已获得某些改善的地区，这种互助的形式为许多农民所要求，因而逐年在增加中。以上两种形式的互助组织所包括的农民，在华北已发展到占全体农民的百分之六十，在东北则达到了百分之七十。第三种形式是以土地入股为特点的农业生产合作社，因此或称为土地合作社。这种形式包括了第二种形式中有些地方已经存在的若干重要的特点，即如上述的农业与副业的结合，一定程度上的生产计划性和技术的分工，有些或多或少的共同使用的改良农具和公有财产，等等，但带了比较扩大的形式。

因为有了某些公共的改良农具和新式农具，有了某些分工分业，或兴修了水利，或开垦了荒地，就引起了在生产上统一土地使用的要求。这还是在土地私有基础上的农业生产合作社。用土地入股同样是根据自愿互利的原则，并可以根据自愿的原则退股。但在生产上，一方面，便于统一计划土地的经营，因地种植，使地尽其用；另一方面，可以更方便地调剂劳动力和半劳动力，发挥劳动分工的积极性。这两方面，也就可能逐渐在若干点上克服小农经济的弱点。在这第三种形式下经营的土地和副业，除了有的合作社因为并不是群众的真正自愿，或经营不合理所以不能成功以外，产量与收入一般地都大大增加。一般地说来，这种以土地入股的合作社通常是在较好的互助运动基础上发展起来的，是农业生产互助运动在现在的高级形式，目前还只是在若干县区存在，数量还不很多，但在东北华北两区也已经有了三百多个，并正在发展中。

上述这三种形式，在各地并不一定都是截然划分的，也并不一定都是整齐划一地循序而进的。也有个别在特殊的情形下，当农民组织起来后不久，便实行土地合股的。根据各地不同的条件，群众时常同时存在着许多不同的互相交错的形式，而且各地发展是很不平衡的。一般地说来，互助合作运动是在具体的曲折的道路上前进着的。不问群众的条件和经验如何，企图用一种抽象的公式去机械地硬套，当然是错误的，是会损害互助合作运动的发展的。根据运动发展的一般规律和发展农村生产力的必要性，党在目前对于发展互助合作运动的方针，应该有下列三个方面：

1. 在全国各地，特别在新解放区和互助运动薄弱的地区，有领导地大量地发展互助合作运动的第一种形式，即临时性的季节性的简单的劳动互助。如果看轻这种为目前广大农民所可能接受的最初级的形式，甚至认为临时性和季节性的变工换工不叫互助，只有常年互助组才叫做互助，而不肯积极地去领导推广，这是错误的。

2. 在有初步互助运动基础的地区，必须有领导地逐步地推广第二种形式，即比简单的劳动互助有更多内容的常年互助组。如果长期地只满足于临时性的季节性的互助，而不企图进一步加以巩固和加以提高，使农民可能经过常年的互助获得更多的利益，这也是错误的。

3. 在群众有比较丰富的互助经验，而又有比较坚强的领导骨干的地区，应当有领导地同时又是有重点地发展第三种形式，即土地入股的农业生产合作社。如果不顾群众在生产中的需要、互助运动的基础、领导的骨干、群众的积极性、并有充分的酝酿等项条件，而只是好高骛远，企图单纯地依靠自上而下的布置和命令主义的方法去大搞这第三种形式，这是形式主义和轻举妄动的做法，当然是错误的。

党中央的方针就是根据生产发展的需要与可能的条件而稳步前进的方针。党在各种不同地区的农村支部，应该在党中央这种方针的指导下，教育自己的党员积极地分别参加这些不同的农业互助和合作。

（五）关于农业互助合作的问题，总的说来有两种不同的错误的倾向：一种倾向是采取消极的态度对待互助合作运动，看不出这是我党引导广大农民群众从小生产的个体经济逐渐走向大规模的使用机器耕种和收割的集体经济所必经的道路，否认现在业已出现的各种农业生产合作社是走向农业社会主义化的过渡的形式，否认它们带有社会主义的因素。这是右倾的错误的思想。另一种倾向是采取急躁的态度，不顾农民自愿和经济准备的各种必须的条件，过早地、不适宜地企图在现在就否定或限制参加合作社的农民的私有财产，或者企图对于互助组和农业生产合作社的成员实行绝对平均主义，或者企图很快地举办更高级的社会主义化的集体农庄，认为现在可以一蹴而就在农村中完全达到社会主义。这些是"左"倾的错误的思想。党中央批判了上述两种错误的思想倾向，认为农民劳动群众的互助组织以及在互助运动基础上所发展起来的现在各种形式的农业生产合作社有很重要的积极意义。中央估计了它们的两方面的性质，即私有的性质和合作的性质。初级互助组的组员，他们的生产资料是完全私有的，但也带了共同劳动的性质，这就是社会主义的萌芽。常年互助组则使这种萌芽进一步生长起来了。农业生产合作社，就其建立在私有财产的基础上，农民有土地私有权和其他生产资料的私有权，农民得按入股的土地分配一定的收获量，并得按入股的工具及牲畜取得合理的代价这些条件来说，它保存着私有的性质。就其在农民以土地入股后得以统一使用土地，合理使用工具，共同劳动，实行计工取酬，按劳分红，并有某些公共的财产这些条件来说，它就比常年互助组具有更多的社会主义的因素。同时，这两方面的性质也正说明了：现在所称的农业生产合作社虽然是互助运动在现在过渡时期出现的高级形式，但是比起完全的社会主义的集体农庄（即是更高级的农业生产合作社），这还是叫低级的形式，因此，它还只是走向社会主义农业的过渡的形式。可是，这种走向社会主义的过渡的形式又正是富有生命的有前途的形式。党的政策的正确性，就是在于恰当地估计它们的上述两方面的性质，而由此谨慎地又积极地在逐步发展的基础上，引导它们前进。忽视上述两方面性质的任何一方面，例如右的倾向，忽视上述后一方面的性质，就必然表现为落在生活后面的尾巴主义；又例如"左"的倾向，忽视上述前一方面的性质，就必然表现为超越生活条件可能性的冒险主义。

（六）过去的经验证明：在农业的互助合作运动上，强迫命令的领导方法是错误的，放任自流也是错误的。强迫命令就是违反自愿和互利的原则，而且容易伤害联合中农的政策，即使运动能够暂时轰轰烈烈一阵，但是不能够巩固的。放任自流会使互助合作运动陷于消沉和解体，或使互助组和合作社内部滋长资本主义的倾向，因而增加贫苦农民在生产中的困难和出卖土地的情况，结果只有利于富农经济的发展而不利于贫雇农经济地位的上升，这当然是很有害的。在互助运动开始发展的地区所出现的错误，主要的是前一种。在农村生产已经有较大的发展、中农已经成为多数、而互助运动需要继续前进的地区所出现的错误，主要的是后一种。有些地方的同志开始犯了强迫命令的错误，例如"强迫编组""全面编组""搞大变工队"和盲目地追求"高级形式"等等。在碰到困难之后，就又走入放任自流这另一个极端。而当批判和纠正了放任自流的倾向之后，又容易反转过来产生急躁冒进的情绪。因此，必须随时注意纠正和防止这两种错误的领导方法，而掌握正确的领导方法。这种正确的领导方法首先是采取典型示范而逐步推广的方法，一般是由小到大，由少到多，由低级到高级。第二，在工作过程中，总是随时随地研究群众的经验，集中群众的意见，教育群众，发扬正确的东西，避免重复错误的东西。第三，在处理互助组和生产合作社内部所存在的任何问题上，有两条原则是必须绝对遵守的，就是自愿的原则和互利的原则。

（七）示范是在多方面的，但一切事情需要能够真正做到提高生产率，达到多产粮食或其他作物、增加收入这一个目的。只有在多产粮食增加收入这样的号召下，才可能动员农民组织起来。也只有真正做到这一点，农业互助组和农业生产合作社才是真正为农民服务，而为群众所欢迎，因而可能巩固下来，并影响四周围的农民逐步地组织起来。因此，提高生产率，比单干要多产粮食或多产其他作物，增加一般成员的收入，这是检查任何互助组和生产合作社的工作好坏的标准。凡是出现相反情况的，就必须认真探求原因，克服其中的弱点或错误。

（八）根据各地方的材料，现在农业互助组和农业生产合作社内部所存在的问题，对于他们的巩固和发展有重大关键的，有如下各项必须予以注意：

1. 必须认真做好农业生产。在农村中压倒一切的工作是农业生产工作，其他工作都是围绕农业生产工作而为它服务的。任何妨碍农业生产的所谓工作任务和工作方法，必须避免。

2. 实行精耕细作，兴修水利，改良土壤，并在可能的地区把旱地变成水地，有计划地种植各种农作物，改良品种。

3. 在适宜于当地的条件下，发展农业和副业（手工业、加工工业、运输业、畜牧、造林、培养果树、渔业及其他）相结合的互助。按照农业和副业的需要和个人的专长，实行合理的分工分业，并把妇女及其他半劳动力组织起来，使人尽其力。但在现在农村条件下的分工分业应带有灵活性，太严密是不可能的。

4. 为了扩大再生产的需要，并根据组员和社员的完全自愿，可以民主议定的方式，组织资金，增购公有的生产工具和牲畜。现在有些常年互助组和农业生产合作社，采取积累公积金和公益金的方式，用以准备扩大生产的物质基础和防备天灾人祸，如果是出于群众的完全自愿，这是可以的。

但如果群众还不愿意，则不宜勉强去做。公积金和公益金所占互助组和生产合作社岁入的比例，现在决不能太多，一般只可以比较适宜地定为占岁入的百分之一到百分之五。在收成不好时，可以不收公积金。成员退组退社时有带出所投资金和所纳公积金的完全自由。但以土地入股的生产合作社成员如要退社，应在一年的收获完毕之后为适宜。如生产合作社在所退土地上曾经为改良土壤或水利设备而有颇大耗费的情况，则退社者应向合作社偿付公平的代价。

5. 在土地合股的生产合作社中，关于收获量的分配，按土地和按劳动的比例，开始不宜于规定得太死，应根据各种成员的自愿，照顾当地经济发展的条件，并使劳力较多而土地较少的社员和土地较多而劳力较少的社员，都能够获得合理的利益，然后在生产发展以及土地由于加工所引起的变化的过程中，根据群众的觉悟程度和收入的增益，逐渐变动到更合理的而又为大家所能够接受的比例。

6. 在等价或互利的问题上，必须：一方面，反对不算账、不用等价原则交换人力畜力的方法；另一方面，反对机械的、烦琐的、形式主义的计算方法。而注重生活和实际上的多种多样的互利形式，注重那些为群众所习惯而简明易行的计算办法。

7. 建立一些必要的简明易行的生产管理制度和劳动纪律。

8. 规定为群众所便于实行的、不一定限在固定形式上的、定期的又是必要的成员代表会议，小组会议和家庭会议，以便讨论、检查和改进生产计划的问题，生产过程中的问题，社员互利的问题，社员在遇到天灾和祸难时互相关照扶助的问题，实行必要的批评和自我批评，等等。

9. 提倡新旧生产技术的互教互学运动，普及和提高旧技术旧经验中的有用的合理的部分，逐步地与那些可能应用的新技术相结合，不断地改良农作法。

10. 提倡组和组、社和社、组员和组员、社员和社员之间的爱国丰产竞赛。必须在农村中提出爱国的口号，使农民的生产和国家的要求联系起来。片面地提出"发家致富"的口号，是错误的。当然，不把爱国的口号和改善农民的生活具体地联系起来，也是不对的。

11. 培养并有分寸地奖励生产的积极分子和技术能手，训练生产小组组长。共产党员和青年团员实行互助合作的原则、积极生产、遵守纪律等应成为全体农民的模范，不能在互助组和合作社中贪占任何非分的便宜。

12. 在农业互助组和农业生产合作社内部，不应允许进行雇佣劳动的剥削（即富农的剥削）。因此，不应允许组员或社员雇长工入组入社，也不允许互助组和农业生产合作社雇长工耕种土地。如果有此种情况，应由组员和社员会议讨论，规定出纠正或改组的办法。但互助组和农业生产合作社为生产的需要，得雇请短工、牧工和技术人员。

13. 加强党对互助组和农业生产合作社内部的政治工作，建立经常的政治教育和文化教育，提高群众的觉悟，以鼓励群众的生产积极性。

党中央再三指出：在解决上述农业互助组和农业生产合作社各种不同问题的具体办法或规定它们的具体制度的时候，不但应该容许各地方之间有差别，而且应该容许各乡各村之间乃至一乡一村内各互助组各合作社之间有差别，因此，必须是灵活的，宜于逐步改进的，决不应该简单地强求划一，做出太过硬性的决定。

（九）供销合作社应该与农业互助组和农业生产合作社建立推销、订购和贷款的合同的关系，帮助它们克服生产方面（资金不足）和交换方面（市场隔离）的困难，使农业及副业的生产的可能性和国内外市场的交换的可能性能够充分地而又可靠地联系起来。

（十）党和人民政府应该适当地采取下列一些办法援助农业互助组和农业生产合作社的发展：

1. 国营经济机关，或者经过供销合作社，或者直接和农业互助组及农业生产合作社，成立各种可能的经济上的合同。

2. 把种子、肥料和农具贷给农民，从而帮助他们能够有效地组织起来。特别注意在适宜地区，斟酌国家和人民的需要，帮助农民成立各种特种作物，例如棉花、麻、花生、烟叶等等的互助组和生产合作社，各种副业和手工业的生产合作社，以及修水利、修滩、造林、经营水产和牧畜等的互助组和合作社，其中，组织棉农加入互助组和合作社，显得特别重要。

3. 因为农业互助组和农业生产合作社的发展节约出了广大的劳动力，在目前条件下，应该注意帮助使这种多余的劳动力能够尽量用于土地加工和发展当地农村可能的多种经济，并按照工业发展的需要，有计划地吸收一批人陆续到工厂和矿山做工。为着使现在农村的劳动力有更多的出路，各级人民政府应配合国家整个经济建设的计划，逐步地举办一些可能的和必需的公共事业，例如公营的工场手工业（制造农具、化学肥料、药品等类），公营的某些加工工业，大规模的造林，兴修水利，建筑道路，等等。

4. 县以上各级人民政府和各级党委，都应该设置专人以及适宜的机构，与各级财政经济机关及供销合作社密切联系，经常研究和及时地指导农业互助组和农业生产合作社的组织、生产计划、供给、运输和销售的事宜，并为它们举办必需的干部训练班。

（十一）国营农场应该推广。除有计划地举办若干机耕半机耕的国营农场外，每县至少有一个至两个农事试验场性质的国营农场，一方面用改进农业技术和使用新式农具这种现代化农场的优越性的范例，教育全体农民；另一方面，按照可能的条件，给农业互助组和农业生产合作社以技术上的援助和指导。在农民完全同意和有适当经济条件的地方，亦可试办少数社会主义性质的集体农庄，例如每省有一个至几个，以便取得经验，并为农民示范。

（十二）农业互助组和农业生产合作社的代表会议，在区一级和县一级，可于每年春耕之前和秋收之后各召集一次。在省和全国范围内，则于每年召集一次有适当干部参加的工作会议。

（十三）在解决了有关农业互助合作的许多问题之后，党中央认为必须重复地唤起各级党委和一切从事农村工作的同志和非党积极分子的注意，要充分地满腔热情地没有隔阂地去照顾、帮助和耐心地教育单干农民，必须承认他们的单干是合法的（为共同纲领和土地改革法所规定），不要讥笑他们，不要骂他们落后，更不允许采用威胁和限制的方法打击他们。

农业贷款必须合理地贷给互助合作组织和单干农民两方面，不应当只给互助合作组织方面贷款，而不给或少给单干农民方面贷款。在一个农村内，哪怕绝大多数农民都加入了互助组或合作社，单干农民只有极少数，也应采取尊重和团结这少数人的态度。必须明白：我们在现在表示关心和适当地照顾单干农民，就有可能使这些单干农民在将来逐步地加入互助合作组织，也就有可能实现我们在农村中的最后目的——引导全体农民走向社会主义和共产主义。

链接资料三：

<h1 style="text-align:center">中国共产党中央委员会
关于发展农业生产合作社的决议</h1>

（一九五三年十二月十六日中共中央通过。
这个决议不适用于某些少数民族的地区）

（一）中国共产党中央委员会在一九五一年十二月所作的关于农业生产互助合作的决议，经过两年来在全国各地的实行，证明其中所规定的方针政策是正确的，与我们党领导中国人民逐步过渡到社会主义社会的这一个总路线是一致的。党在过渡时期的总路线，就是要逐步实现国家的社会主义工业化，逐步实现对农业、手工业和资本主义工商业的社会主义改造。根据党的这个总路线，我国的国民经济建设不但要求工业经济的高涨，而且要求农业经济要有一定的相适应的高涨。但孤立的、分散的、守旧的、落后的个体经济限制着农业生产力的发展，它与社会主义的工业化之间日益暴露出很大的矛盾。这种小规模的农业生产已日益表现出不能够满足广大农民群众改善生活的需要，不能够满足整个国民经济高涨的需要。为着进一步地提高农业生产力，党在农村中工作的最根本的任务，就是要善于用明白易懂而为农民所能够接受的道理和办法去教育和促进农民群众逐步联合组织起来，迅步实行农业的社会主义改造，使农业能够由落后的小规模生产的个体经济变为先进的大规模生产的合作经济，以便逐步克服工业和农业这两个经济部门发展不相适应的矛盾，并使农民能够逐步完全摆脱贫困的状况而取得共同富裕和普遍繁荣的生活。

根据我国的经验，农民这种在生产上逐步联合起来的具体道路，就是经过简单的共同劳动的临时互助组和在共同劳动的基础上实行某些分工分业而有某些少量公共财产的常年互助组，到实行土地入股、统一经营而有较多公共财产的农业生产合作社，到实行完全的社会主义的集体农民公有制的更高级的农业生产合作社（也就是集体农庄）。这种由具有社会主义萌芽、到具有更多社会主义因素、到完全的社会主义的合作化的发展道路，就是我们党所指出的对农业逐步实现社会主义改造的道路。

（二）如党中央关于农业生产互助合作的决议所指出的：工人阶级领导农民推翻封建地主的土地制度之后，农民的生产积极性表现在两个方面：一方面是个体经济的积极性，另一方面是互助合作的积极性。这两个方面的积极性反映农民（主要是中农）本身是劳动者又是私有者的两重性质。从农民是劳动者这种性质所发展的互助合作的积极性，表现出农民可以引向社会主义；从农民是私有者和农产品的出卖者这种性质所发展的个体经济的积极性，表现出农民的自发趋向是资本主义。这就不可避免地在农村中产生了社会主义和资本主义这两条发展道路的斗争，而由于农业经济的恢复和逐步上涨，这两条发展道路的斗争，就越来越带着明显的、不能忽视的性质。我们的政策是在于积极地而又谨慎地经过许多具体的、恰当的、多样的过渡的形式，把农民的个体经济的积极性引到互助合作的积极性的轨道上来，从而克服那种建立在个体经济基础上的资本主义自发势力的倾向，逐步过渡到社会主义。实现这个政策的可能性是由以下因素所决定的：第一是以工人阶级为首的人民政权和社会主义工业的领导；第二是农民在工人阶级领导下获得了解放和土地，因而能够相信工人阶级领导的正确性；第三是工人阶级和农民群众有共同的利益以及贫农和中农有共同的利益，而这一切共同的利益就是大家都力求或希望摆脱资本主义的剥削，因为资本主义的剥削只是使极少数人靠剥削和投机而发财，至于绝大多数人则将因此而陷于贫穷和破产。

几年来，我国农业生产互助合作运动已有日益扩大的规模，到现在，全国参加临时的和常年的互助组与农业生产合作社的农户，约有四千七百九十余万户，占农村总户数的百分之四十三；其中农业生产合作社有一万四千多个，参加的有二十七万三千多农户。这种运动在各地区的发展虽然是不平衡的，但这种运动对于促进农业生产所起的作用，正说明了党的这个政策是逐步地获得广大劳动农民的拥护的，是在逐步地由可能性变为实际。由此可知，党对于改造个体的小农经济，发展农业的互助合作，必须采取积极领导的态度，而不能采取消极放任的态度。如果我们对于互助合作运动采取消极的放任自流的态度，如果我们只安于小农经济的现状，不给小农经济指出社会主义改造这一条正确的光明的和广阔的出路，那就一定会发展到放弃社会主义在农村的阵地，帮助农村资本主义自发势力的生长，因而也就一定会妨碍农业生产力的上升和农民生活的继续改善，破坏工业与农业的平衡，破坏计划经济和国家工业化，破坏工农联盟。这种方针和做法是显然错误的。

（三）为着继续发展农业生产，促进农业生产有新的高涨，继续限制和逐步排除农村资本主义的剥削，各级党委必须认真地执行党中央在一九五一年十二月所作的关于农业生产互助合作的决议，照顾各个地区在政治、经济和文化等方面的不同条件，研究各个地区和互助合作各种形式的发展速度的差别，而从事工作。同时应该估计到：农业互助合作运动几年来在各地区的发展都表现出来一个特点，即不只是参加互助合作的户数越来越多，而且有了质量上的显著的提高，这种质量的提高表现在常年互助组的增加，还特别表现在以土地入股、统一经营为特点的农业生产合作社在各个不同地区有不同规模的试办和发展。这种农业生产合作社的优越性和它的重要作用已经在试办和初期发展的过程中充分地显示出：

第一，农业生产合作社能够解决互助组中所难以解决的一些矛盾，特别是关于共同劳动和分散经营的矛盾，因而给那发展到一定程度的互助运动以一个正当的出路。

第二，实行土地统一经营，能够因地种植，而且比互助组更能够在集体劳动的基础上，进行较合理的、有计划的分工分业的劳动，合理地统一使用劳动力，因而可以大大地提高劳动的效率。

第三，集中经营也就有更大的劳动力量和经济力量，能够更多地和更好地利用新的农业技术，便于进行农业的技术改革和基本建设，因而可能有效地逐步扩大农业的再生产。

第四，由于能够更多地节约劳动的时间和更多地节约出劳动力，所以能够更多地发展副业的生产事业，从而加强农民的经济地位。

第五，由于实行一定的按劳分配制度，所以能够大大地鼓励农民对于劳动和学习技术的积极性和创造性。

第六，农业生产合作社能够有力量保证贫农和中农的团结，因而也就能够更有效地与农村中的资本主义活动和贫富分化的现象作斗争。

第七，农业生产合作社能够逐步地进行有计划的生产，因而也就能够在供、产、销方面更容易地和国营的社会主义经济相结合，而便于逐步地纳入国家经济计划的轨道。

第八，农业生产合作社由于"方向好、产量高、收入多"，就可能更多地和更快地带动个体经济向互助组发展，并为更多地发展农业生产合作社开辟道路。

第九，由于集体经营的好处和大家生活将日趋改善，使农业生产合作社能够成为农民在经济上、在生活的相互关系上得到集体主义和爱国主义教育的很好的学校。

第十，由于前述种种，现有形式的农业生产合作社可以成为引导农民过渡到更高级的完全社会主义的农业生产合作社（集体农庄）的适当形式。也就是说，这是自然地不勉强地吸引农民走向社会主义的过渡形式。这种形式，使个体农民和加入了互助组的农民在他们进到农业的完全社会主义的经济制度的时候不感到突然，而是事先有了精神的和物质的准备的，因而能够避免由于突然变化所可能引起的种种损失。

农业生产合作社的这些优越性和它所起的作用，使它在目前整个互助合作运动中日益显出重要的地位，并日益变成为我们领导互助合作运动继续前进的重要的环节。因此，中央认为各级党委有必要更多地和更好地注意对于发展农业生产合作社的领导，根据当地的具体情况，准备逐步试办和迅步推行的条件，继续贯彻"只许办好，不许办坏"的方针，从而带动整个互助合作运动前进。目前许多地区的党委在这方面注意太少，缺乏领导或没有领导的状态，必须加以改变。

（四）发展农业合作化，无论何时何地，都必须根据农民自愿这一个根本的原则。在小农经济中进行社会主义改造的事业，是绝对不可以用简单的一声号召的办法来实现的。更绝对不能够用强迫命令的手段去把贫农和中农合并到合作社里，也绝对不能够用剥夺的手段去把农民的生产资料公有化。如果用强迫命令和剥夺农民的手段，那只能够是破坏工农联盟和破坏贫农中农联盟的犯罪行为，因而也即是破坏农业合作化的犯罪行为，而绝对不能给农业合作化带来任何一点好处。

这就是说，盲目急躁的冒险主义是根本要不得的。

应该根据农民的日常生活及其切身经验来向农民灌输社会主义和合作化的思想，经常使他们了解单干是没有出路的，因为单干不能够克服灾害和各种困难，没有能力经常扩大再生产，即使能够增产也是有限的。这种单干制度长久下去，就要使农民的大多数成为富农、高利贷主和商业资本家进行剥削和投机事业的牺牲品，重新失掉自己的土地。而农业合作化则是农民群众的唯一出路，因为只有农业合作化才能够克服单干的困难，能够不断地扩大再生产，从而能够随着社会主义工业化的发展，保证整个社会和农民自身的不断增长的物质和文化的需要。

具体的实际的榜样，是最有力量来说服农民的。正如列宁所说过的：农民"都是实际主义者，都是务实的人，我们应当向他们作出具体的例子来证明'公社'是最好的东西。""应把公社组织得尽善尽美,以便取得农民的信任。"因此,在发展农业生产合作社的运动中,采取逐级领导试办,树立好榜样,逐步巩固与逐步推广的方针是完全正确的。每一个省和每一个县,只要是完成了土地改革的地方,均必须有领导地认真办好一批农业生产合作社,使这些农业生产合作社能够经营得法,用本身的制度和依靠自己的力量来证明它比单干与互助组优越,而且还善于团结和帮助单干农民与互助组,让农民亲眼看到合作社确实是为着他们自己的利益,而社内外的各种关系又都真正是合情合理的,这样来吸引广大农民群众倾向社会主义。

同时,也正如列宁所指出的:"……我们知道这些共耕社,劳动组合和集体组织都是新的创举,如果执政的工人阶级不给这些创举以帮助,那它就不会发育起来。"因此,工人阶级领导的国家必须根据需要与可能,照顾到互助合作农民和单干农民的关系,给农业生产合作社以适当的物质援助,例如农业的低利贷款、兴修水利、建立技术推广站和建立较大的新式农具站等,这种援助能够使农民很快地感觉到它的实际的利益,并从而促进合作社更大地发育起来。

显然,我们采用上述一系列的方法,就能够避免急躁冒进的错误,而领导农民在自愿的基础上使农业合作化健康地发展,由低级到高级,由小到大,由少到多,由点到面;就能够引导农民群众在开始是一部分,随着将是大部分,而最后将是全部跟着我们走向社会主义。只要我们工作做得好,农民的步子也就会走得较快。

(五)办好农业生产合作社必须注意下列的几项主要工作:

第一,增加生产量,增加社员收入,从而使农民能够把农业生产合作社的经济繁荣看成是不断增进自己物质与文化的幸福的主要源泉,这是办好农业生产合作社的根本标志。为达到这样的目的,农业生产合作社必须充分利用本身所有的优越条件,量力而行,去提高劳动生产率,并从而使农业的社会生产力有所发展。

甲、进行农业基本建设和生产改革的工作是农业生产合作社增加生产、改善社员生活地位和增强抵抗灾害能力的物质基础。应该根据当地和本社的实际情况,逐步地去办理这些工作,一般地要由小规模到较大的规模,由采用改良或初步改良的技术到采用更新的技术。几年来各地的农业生产合作社在这些方面所做的工作,例如兴修小型水利、变旱地为水地,精耕细作、变坏田为良田,以及购置新农具,采用优良品种,进行适当密植,积极蓄肥和合理施肥，努力和病虫害斗争，发展畜牧，植树造林等等，都对于提高产量起了很大的作用，显出了农民联合起来集体经营的优越性，并使得一部分剩余劳动力得到了适当的出路。因此，各地农业生产合作社都应该研究这一类工作的经验，把这些经验和当地及本社的可能条件适当地结合起来，并配合研究其他方面的生产经验，找出继续增加生产的具体办法，防止形式主义的乱搬硬套的毛病，使增产的可能性经常建立在可靠的基础上。

乙、在以发展农业的生产为主的方针下，农业生产合作社可以利用自己多余的劳动力和财力兼顾其他可能发展的副业，并使副业的经营能够为扩大农业生产服务。

经营商业不能够作为农业生产合作社的副业。农业生产合作社的买卖应通过供销合作社去进行。但从事物资的运输以获取利益而不是从事贩卖以谋取商业利润，则是可以允许的。

第二，农业生产合作社的管理工作，应该根据本身发展的实际情况，逐步改进，由简单到复杂，由低级到高级，使社员觉得方便可行，而又能够符合于促进和提高劳动生产率的要求。

甲、合理地使用劳动力，按照合作社的大小、生产的需要、劳动力的多少和发展的情况，去决定组织劳动的形式，例如首先实行生产小组的临时分工制，而后根据群众的经验，逐渐推行常年固定的生产组或生产队的按季节包耕制。至于有些合作社所试行的常年包耕包产制，如为群众所乐意的，也应该帮助他们不断地总结经验，使这种劳动组织能够逐步趋于完善。

不论采取何种劳动组织形式，都必须经过社员充分的民主讨论，而后作出计划，把所规定的工作的数量和质量的任务交给各组或各队负责。超出任务的，给以一定的奖励；达不到任务的，则根据具体的情况分别地加以处理。奖励和处理的办法由社内公议决定。

对于妇女劳动力和半劳动力，也应该适当地注意组织他们参加各种劳动。

乙、根据生产发展的条件和社员群众的经验，逐步做好计算劳动日的评工记分的工作。目前各社流行的计算劳动日的评工记分办法，是根据每人劳动力的强弱，技术的高低，评出预定的分数，再按每人实际工作的数量和质量，评出确定的分数，按分计酬（人们把这种办法叫做"死订活评"）。还有一种办法，是按照季节的差别，工作的数量和质量，预先评定完成每个工种应得的分数，而后按每人工作完成的实际结果，计算劳动分数，按件计酬。对于这两种办法，可按照各社社员的意见适当地加以采用。但要注意在评工记分时，力求避免开会次数过多或开会时间过长的毛病。

丙、逐步地建立生产计划，分为年度的计划、季节的计划和小段的计划。计划所包括的方面（例如有关作物的种植，农业的基本建设，技术的改良，劳动的组织，副业的发展，与供销合作社的结合，文化和卫生的改进等），一下子不宜太多，只能根据生产的发展和经营管理的经验，逐年加以充实。

一切计划都必须经过群众的充分酝酿和充分讨论，一方面要防止保守主义，另一方面又要反对不着实际的空想。

在规定计划和组织社员劳动的问题上，要恰当地照顾社员应当有相当的个人活动和某些家庭副业劳动的时间。凡是社员不需要和不自愿包括在合作和集体劳动范围内的事情，就不要勉强包括到计划中去。

丁、逐步建立必要的、简单易行的、但又是严格的财务管理和会计制度。凡社内一切财务开支和对于农业贷款的运用，必须经过民主讨论决定。其批准权限应按开支数目的大小，分别由社员大会或理事会讨论决定。各种账目必须适当地分别清楚，并要定期公布，以便受到社员的经常监督。

节约是社会主义企业经营的根本方法，也是农业生产合作社经营的根本方法。合作社必须节约开支，减少杂费，杜绝贪污和浪费，不要盲目投资，以免成本过大。

戊、要建立和贯彻一些必要的和可行的专职专责的责任制度（例如，关于领导的分工责任制度，关于生产的责任制度，关于使用和饲养牲畜以及使用和保管农具的责任制度，关于劳动、文化、卫生等生活管理的责任制度），规定奖励和惩罚的办法，以便于严格地整顿劳动纪律，而和旷工、误工、窝工、损害或浪费公共财产以及无人负责的现象作斗争，从而在组织上和制度上进一步地巩固全社利益和社员个人利益的一致性。

己、要改善上述各项的管理工作，应该在积极分子中选择和培养一两个为人正派、善于团结群众、有管理能力和有生产知识的核心领导人物。

第三，合理的分配制度对于农业生产合作社起着促进生产的作用，并且是巩固农业生产合作社的决定条件。在解决合作社的分配问题时，必须了解到现有形式的农业生产合作社的特点，它是走向完全社会主义化的过渡形式的合作社，包含有两方面的性质即私有的和合作的性质。因此，也就必须采取一些灵活的和多样的过渡的分配办法。

甲、关于按劳动和按土地的分配比例，应容许各社根据社员民主讨论，在照顾全体社员都能够获得合理利益并能够有利于农业生产合作社发展和有利于生产发展的条件下，分别地妥当处理，避免为社员所不满意的偏高偏低的现象。但一般的原则是：必须随着生产的增长、劳动效率的发挥和群众的觉悟，逐步而稳妥地提高劳动报酬的比例。

乙、关于劳动日的报酬制度，应按照社员工作的数量和质量，劳动多和劳动好的多得，劳动少和劳动不好的少得。因此，必须根据评工记分，公平合理地付给报酬。

男女劳动力应该按照工作的质量和数量，实行同样的报酬（例如：在同一工种中，妇女如果和男人做同样多和同样好的工，她所得的报酬必须是和男人相等的；劳动超过男人的，报酬也照样超过，劳动比不上男人或只达到男人一半的，报酬也照样减少）。在劳动中，必须注意和照顾妇女们在生理上所发生的困难。

农业生产合作社的干部在社开始组织时应该参加生产，其为本社服务而误工者，应予酌量评分记工，但因村内其他工作而误工者，社内则不得记工。当农业生产合作社有条件扩充为大社之后，经过社员讨论和同意，对于一两个专门管理社内工作的干部，可给以一定的待遇。

丙、对于社员所有的牲畜和大农具的使用和报酬，可以根据具体情况和社员的意见，采取各种不同的形式。开始时，一般地以租借的形式为适宜，有的社采取入股分红的形式，也是允许的。折价归公的办法，不宜不顾条件地普遍提倡，只有在社员完全自愿和农业生产合作社能够付出代价的条件下才可以采用。不论采用何种形式，都应该经过民主评议，规定公平合理的代价，一方面不致使该项代价侵蚀一般社员的劳动的报酬，并避免变相的富农剥削；另一方面又不致使牲畜和农具的所有者吃亏。对于社员的投资给以合理的代价和利润，以发挥社员投资的积极性。这就是说，一方面照顾了全社社员的利益，另一方面又照顾社员的个人利益。

丁、副业收入在原则上应和农业收入统一分配，但在分配中须照顾副业中某些技术性的劳动所应得的较高的报酬。

戊、关于公共财产和公积金、公益金的积累，必须坚持根据社员的自愿，根据社员的经济情况，根据逐年生产发展的结果，并在确实保证社员的实际收入有一定增加的前提下，采取由少到多的方针，而使合作社的集体利益和社员的个人利益密切地结合起来。

综上所说，努力增加生产，逐步改善管理，实行合理分配，这是办好农业生产合作社的几项主要工作。这些工作的正确解决和顺利进行，都需要党的领导与政治工作来配合和保证。各级党委在发展农业生产合作社的过程中，必须认真研究这些工作的经验，根据当地和各个合作社的具体发展情况，而采取恰当的具体措施，并且在工作中，随时总结群众所创造的经验，不断加以改进。领导机关不应该主观地规定一些脱离广大群众经验水平的规格和要求，而去勉强推行，使群众难于接受。对于现在的农业生产合作社，应该分别情况，采取审慎的态度而不是粗暴的态度，采取适宜的步骤而不是急躁的步骤，从帮助改进的观点出发，从事整顿、巩固和提高的工作：使那些已开始办好的社能够办得更好，而建设好每一块土地；使那些有较多缺点或较多困难的社能够逐步克服缺点和困难，逐渐办好。

（六）一般说来，互助运动是为农业生产合作社准备了群众经验和领导骨干的条件，互助组的发展是农业生产合作社发展的重要基础。另一方面，办好农业生产合作社又可成为带动互助组大发展的力量。因此，我们要注意加强发展农业生产合作社的领导，同时又必须加强发展各种形式互助组的领导。各地党委应该充分注意研究和利用农民固有的互助习惯和互助形式，帮助农民群众能够逐步广泛地组织起来，以解决生产上的困难，并在互助运动的发展过程中，逐步加以改造和提高，去掉其原来不合理的成分，增加合理的成分。必须明白：我们组织个体农民参加互助组以及帮助搞好互助组的工作，也就是为着便利于再引导它们发展成为农业生产合作社，并准备再进而实现完全的农业社会主义改造。如果不把互助组看成是逐步引导农民走向社会主义改造的一种初级的过渡的形式，因而不重视互助组的工作，这将是一个重大的错误。

在有些经济和文化比较发达的地方，在群众具有合适条件的地方，或者可能不经过互助组而直接建立农业生产合作社，或者农业生产合作社能够比其他地方发展得更快，这些都是应该估计到的。但即使这样，对于互助组的工作也还是不能够加以忽视的。

（七）在发展互助合作的运动中，同样地要继续切实注意党中央《关于农业生产互助合作的决议》所指出的："要充分地满腔热情地没有隔阂地去照顾、帮助和耐心地教育单干农民"。我们必须执行关于适当照顾单干农民生产积极性这一方面的政策，发挥单干农民可能的生产潜在力量，给以必要的贷款和可能的技术援助，帮助他们克服所遇到的困难而避免受富农、高利贷主和投机商人的剥削。一切互助合作组织必须成为团结周围单干农民的核心。也正如党中央《关于农业生产互助合作的决议》所指出的："必须明白：我们在现在表示关心和适当地照顾单干农民，就有可能使这些单干农民在将来逐步地加入互助合作组织，也就有可能实现我们在农村中的最后目的——引导全体农民走向社会主义和共产主义。"如果歧视和打击个体农民，把互助合作农民与单干农民互相对立起来，又如果完全抹杀单干农民还有一定的生产潜在力量，这就是很错误的。

（八）农业生产互助合作、农村供销合作和农村信用合作是农村合作化的三种形式。这三种合作互相分工而又互相联系和互相促进，从而逐步地把农村的经济活动与国家的经济建设计划联结起来，逐步地在生产合作的基础上，改造小农经济。

由于商业剥削、粮食囤积投机和放高利贷是目前农村资本主义因素的主要的活动方式，所以供销合作社和信用合作社就有更大的责任，在国营经济的领导下帮助农民群众逐步摆脱这些剥削，帮助国家完成收购粮食及其他农产品的任务，努力供应农村以必要的生产资料和生活资料，发展农村储蓄和低利贷款，为农村生产服务，促进农业生产互助合作的发展。

农村供销合作社必须进一步地实现和贯彻与农业互助组及农业生产合作社的联系，推广彼此之间供、产、销的结合合同。

农村信用合作社的发展，现在有各种不同的形式，例如信用小组、信用合作社或供销合作社信用部。应该继续推广和改进这种信用合作，并使其与农业生产互助合作进一步地密切联系起来，有系统地支持农业合作化的运动。

手工业对于供应农村的生产资料和生活资料，目前占有很重要的地位。供销合作社和信用合作社应该扶持当地必要的手工业的发展，特别应该协助手工业合作的发展。

（九）发展互助合作运动以提高农业生产力是今后党领导农村工作的中心。农村中的党组织、区委、县委、一般的地委、以管理农村为主要工作的省委和省委一级以上一切从事农村工作的干部，都必须把工作的重点逐步转移到这个方面来，贯彻执行党在目前时期关于依靠贫农和中农的巩固联盟，逐步发展互助合作，限制富农剥削这一系统的政策，把党的政治工作和经济工作密切地结合起来，以便逐步实现农业的社会主义改造。

第一，各大行政区、各省、市、县的党委都必须拟定关于发展农业互助合作的逐年计划和第一个五年计划，其中应着重注意拟定关于发展农业生产合作社的计划。在拟定此项计划时，必须根据党中央关于经济建设的总方针，经过认真的调查研究，因地制宜，在不同地区的不同条件下，规定当地可能顺序发展的步骤和数字，使计划放在可靠的基础上。

按照各大行政区党的领导机关关于发展当地农业生产合作社所拟定的计划数字，从一九五三年冬季到一九五四年秋收以前，全国农业生产合作社应由现有的一万四千多个发展到三万五千八百多个。其中，华北由六千一百八十六个发展到一万二千四百多个；东北由四千八百一十七个发展到一万个；华东由三千三百零一个发展到八千三百多个；中南由五百二十七个发展到三千六百多个；西北由三百零二个发展到七百多个；西南由五十九个发展到六百多个。中央批准这些计划数字，并责成各地党委努力去完成这个计划。

根据逐年互助合作运动发展的基础，在第一个五年计划内，即到一九五七年，全国农业生产合作社应争取发展到八十万个左右，参加的农户应争取达到农村总农户数的百分之二十左右。当第一个五年计划完成时，农业生产合作社在有的地区可能发展为农业生产的主要形式或者接近于成为主要形式，而在另一些地区则还只能有一定程度的发展。

五年计划应该包括各地准备创办的国营农场、技术推广站、新式农具站、抽水机站、拖拉机站，以及在那些有条件的地区所准备试办的完全社会主义化的农业生产合作社（即集体农庄），也应该包括供销合作社和信用合作社。

第二，县一级应该成为领导互助合作运动的主要环节。除了各级党委应分别定期讨论农村互助合作运动这项工作外，县委对于工作的好坏还负有特别的责任。县委书记必须亲自负责管理这项工作，县委必须派出一定数量的得力干部专门负责，经常研究互助合作运动的材料，协助区、乡的党组织解决有关的问题。

县委委员都必须学习和熟悉党中央关于互助合作的政策和步骤，并领导从事互助合作运动的工作人员以及区乡干部学习这种政策以及一些必要的农业技术的常识。县委必须懂得教育和组织党团员在互助组和农业生产合作社中起带头作用。

第三，地委、县委和有条件的区委应该充分利用农闲时间，有计划地开办互助合作的短期训练班，从群众中挑选具有公正和能干两个条件的积极分子来充当学员，以便训练出更多的领导骨干。地方人民政府机关应在有条件的地方，举办农业技术训练班和会计人员训练班。

第四，各级党委应该把定期召集各级的农业互助合作代表会议和农业技术会议以及各种座谈会等形式作为教育群众和干部的一种重要方法。代表会议的主要内容应是交流经验，介绍和奖励工作好的，批评和帮助改造工作不好的，推选模范，进行思想政策的教育，动员完成任务，并从而促进农业互助组和农业生产合作社的发展。技术会议的主要内容则是总结群众的技术经验，加以提高，进行推广，并介绍新的技术知识和技术经验。

各级党委应把所总结的生产经验和组织经验，作为教育干部、党员和群众中积极分子的重要材料。

第五，乡村党的组织在农业生产合作社的工作，必须善于联系社员的实际生活，不断地在社员中进行关于社会主义（没有人剥削人、而使大家都富裕起来）和资本主义（最少数人剥削最大多数人、而使大多数人贫穷、只有很少的人富裕）两条新旧不同道路的教育；进行关于工农联盟的教育；教育社员把个人利益和集体利益及国家利益结合起来；教育社员积极从事劳动，使他们懂得劳动好和劳动多，而比别人获得较多的报酬，并依靠自己劳动的所得改善自己的生活，是光荣的，不努力劳动并因而减少了收入，这是可耻的；教育社员加强劳动纪律和互相团结（特别是关于贫农和中农的团结，关于新老社员的团结），教育社员成为遵守国家法令和响应国家各项号召的模范，成为支援国家实行社会主义工业化的模范；教育社员爱护公共财产；教育社员善于团结和帮助单干农民；并要善于用说服教育的方法，鼓励社员的劳动竞赛，发展恰当的批评和自我批评，解决社员们所发生的思想问题和实际问题。要经过这一切的教育和工作去不断地提高社员的社会主义觉悟，不断地排除富农的影响，不断地克服社员的个人主义思想，从而进一步地巩固农业生产合作社。

（十）党中央再三指出：党对于互助合作运动的各项工作，对于逐步进行农业的社会主义改造工作，必须积极领导，稳步前进。积极领导，就是说，党的领导不应当落后于群众的要求和国家建设的需要。稳步前进，就是说，党的领导不应当超过群众的觉悟程度和不顾可能的条件。因此，各级领导机关必须切实掌握当时当地的客观实际情况，既不要犯主观主义的错误，又不要犯命令主义的错误，而要善于掌握各地区的互助合作运动中所存在的和新发展的各级形式的不同典型，把点和面相结合，把创造和推广相结合，把普及和提高相结合。如果不去正确地按照可能的条件建立典型，研究典型，而盲目冒进，只是贪多、贪大、贪高，这是错误的；反之，如果把典型孤立起来，不去进行推广，这也是错误的。关于正确和错误这样两方面的经验各地区或多或少地都已经有了，各级党的领导机关必须认真地加以研究和总结，从而把互助合作运动纳入党中央所指出的正确的轨道，有计划地逐步地完成改造小农经济的工作，使农业在社会主义工业的领导下，配合着社会主义工业化的发展，而胜利地过渡到全国的社会主义时代。

（一九五四年一月九日《人民日报》刊印）

合作化运动后期，农村开始出现"五风"，进入人民公社时期，特别是"反右倾"后，越来越严重。这个时期的农村政策一味追求"大"和"公"，对农民的权利和利益时有侵犯，农民生产积极性普遍不高，农业生产受到了巨大影响。加上自然灾害，我们国家出现了"三年困难时期"。农村地区普遍缺粮，农民严重营养不良。为了自救，很多基层农民群众和干部搞瞒产私分，想尽办法少缴国家统购粮；为了活命，不少地方出现了农户晚上到邻村偷庄稼的现象。党中央及时作出一系列重大政策调整，相继发出著名的"农业十二条"（《关于农村人民公社当前政策问题的紧急指示信》，1960 年 11 月 3 日）和"农业六十条"（《农村人民公社工作条例（草案）》，1961 年 3 月 22 日）；并组建专门的工作队进驻农村，带领农民群众开展整风整社活动，帮助恢复生产和改善生活。那时候，段老已是一名四川财经学院的大学生，主修农业经济。由于所学专业的原因，他被抽调到四川省委农村工作团，参加了地方的整风整社活动。段老被派到绵阳县游仙公社申家大队第四生产队。从 1960 年 12 月下村，到第二年 5 月回到学校，段老待在那个山村整整半年时间。他有机会近距离地观察和体验那个时期农民经历的苦与难。凭着智慧和努力，出色地完成了组织交给的"整风整社"任务。

第三篇　到绵阳游仙公社整风整社[①]

一、"三年困难"时期

1959 年夏天，我考上四川财经学院，就读农业经济系。几乎从此，我就彻底离开农村老家了。入学直到最后毕业分配工作，四年期间，我没回过一次家。当时，家里没钱供我读书，靠的是学校的助学金。助学金每月 11 块钱，暑假、寒假也照给。其中，9 块钱交伙食费，另外 2 块钱用于零花，日子过得很紧巴。加上像我这样的一个山里娃，初进大都市，很多事情都感觉新鲜，许多东西都愿意尝试，钱就更加不够用了。为了补贴自己的生活，每个假期我都去干活挣钱。这是我当时个人发展的一些情况。

从当时整个国家来看，人民公社化以后，特别是庐山会议以后，我们国家开展了大规模的"反右倾运动"，批判右倾机会主义分子，各行各业都在"插红旗，拔白旗"。什么叫"插红旗，拔白旗"？简单讲，对大跃进不满意，就是白旗。红旗有三面："总路线"，"大跃进"和"人民公社"。

合作化后期，"大跃进"时期，农村开始出现了一些"歪风"。后来中央将其归纳为"五风"。一是"共产风"。主要指搞"一平二调"，把生产队以及农民的生产和生活资料都无偿地平调出来。二是"命令风"。干什么事都是强迫命令。三是"浮夸风"。虚报粮食产量。当时有个说法叫"放高产卫星"。其中大家都听说过，河北徐水县，号称一年收获粮食12亿斤。浮夸产量的后果很严重。报高了，国家征购的量就会定得高。可实际产量没有那么多，这样国家征购后，很多人民公社的粮食就不够了。很多人因此挨饿。四是"瞎指挥风"。什么事都瞎指挥。比如，种粮搞密植，插的秧一棵挨一棵；小麦播种时，一亩地一下播下去200斤种子。五是干部的"特殊化风"。借着"插红旗，拔白旗"运动，这股"歪风"越刮越严重。"五风"盛行，对正常的农业生产造成了极大的干扰，我国农村地区普遍严重缺粮，农民生活非常困难。这一时段，大致是从1959年到1961年。也就是我们后来讲的"三年困难时期"。

这也直接反映到我们学校伙食上。1959年，我刚进大学时，学校伙食还行，米饭、肉、蔬菜，较为丰富。慢慢就不行了，到1960年初，学校开始搞定量了。当时规定，每个学生供应27斤粮。坦率地讲，这个标准已是相当不错了。因为我们是大学生，所以待遇高人一头。据我所知，那时普通城市居民每月就只有十几斤，农民则是普遍挨饿。

在大学，主食是米饭、馒头；菜主要是空心菜。几乎每天一进学校食堂就能看到一大盆子空心菜，完全是水煮出来的，上面找不到一滴油花。用现在健康饮食的观点看，吃得够健康了，当时却是很无奈。空心菜产量高，真是救了好多人的命。还有就是一种叫"瓢儿白"的蔬菜。吃下去，肚子倒是感到撑。可没有油，也没有营养，所以很不经饿。为给大学生加强营养，国家规定，每个月提供半斤肉。实际却不给肉，而是每个月学校都会发给每位同学一个向苏联出口的猪肉罐头。那时候，领肉罐头的日子是最幸福的，大家都是翘首期盼。每次拿到罐头，大伙几乎都是几口吃净。然后，这一个月就再闻不着肉味。

星期天更加难熬一些。没有课，学校中午不开伙。早饭时，就把中午的两个馒头领了。很多同学当场就把馒头都吃了，然后就得挨到开晚饭。我的办法是，跑到杜甫草堂的竹林下，花3分钱泡上一杯茶，一边喝茶一边看书，一待就是一天。至今我还觉得奇怪，难道看书真能让人忘却"饥饿"？

吃不饱，大家除了硬扛，没有什么好办法。我们班有位黄姓同学经不住饿，到一个村子"偷"来一个小南瓜，用茶缸子煮熟吃了。这事被人发现了。他说自己没有偷，南瓜是人家收完后丢下来的。因为这件事，他被学校开除了。我就感觉，当时整个社会气氛都不正常。最不能理解的是，吃不饱肚子，还不能讲。谁要说吃不饱了，就被批判。我们班开过好几次这种批判会。

针对这种情况，中央对农村政策做出了一些调整。1960年11月份，中央发出了《关于农村人民公社当前政策问题的紧急指示信》，就是"农业十二条"。《紧急指示信》中提出："今年（指1960年）冬天，必须下决心，放手发动群众，普遍开展一个整风整社的群众运动。""整风整社是调整当前农村中社会主义生产关系的关键问题，必须坚决依靠群众，大鸣大放，用领导和群众'两头挤'的方法，用由上而下和由下而上相结合的方法，把农村'三反'贯彻彻底，把整风整社搞深摸透，坚决反对'贪污'、'浪费'、'官僚主义'，彻底纠正'共产风'、'浮夸风'和'命令风'，反对干部特殊化。"调整人民公社政策，反"五风"，就要整风整社。

二、救命的半斤粮

根据中央的文件精神，当时四川省委就组织农村工作团下去整风整社。我是学农业经济的，专业对口，被抽调到工作团。我所在的工作团，带队的是四川省高级人民法院的一位女处长，40多岁，文质彬彬的。队员，除了我的大学同学以外，还有四川省法院系统的几位干部。工作团被分配到绵阳县（现四川省绵阳市）游仙公社申家大队的一个生产队。我被安排到四队，负责领导四队的整风整社活动。四队一共有30多户人。

到了四队后，我们做的第一件事情，就是给社员增加口粮。当时工作团有一个规定：进村后，看到人均每日不到半斤粮食的，要保证供应半斤粮。我记得四队当时是四两八钱谷子（稻谷）。要提醒大家的是，这个"四两八钱"不是十进位制的，是十六进制的。按十进制折算，那个"四两八钱"就是"三两"。我们当时 27 斤米一个月，一天能有九两，还总是饿得慌；农民才"三两"一天，大家能想象他们会饿成啥样子！

四队的公共食堂吃得很差。每一顿，食堂将连稻谷壳一块磨成的面，加一些菜熬汤。菜有两种，胡萝卜和红薯叶子。村里一块地种了胡萝卜。食堂每天挖一些胡萝卜，把它剁碎，加到汤里熬。因为数量都是有限的，两种菜只会掺一个，掺了红薯叶子就不掺胡萝卜了。哪是什么饭，就是一锅汤。唯一实诚点的东西，就是下面沉淀的那一点胡萝卜碎末。每个人都用一个土钵子（盛饭用的器皿）打饭。钵子边很厚，有十五六厘米高。每人的每顿饭，就是这么一钵子。清汤寡水的，就这么喝下去。我就听说，之前四队有几位年轻小伙子实在挨不住了，跑新疆去讨生活了。

营养严重不足，很多人都患上了浮肿病。四队的农民也没有幸免。他们脸肿了，脚也肿了。用手指往小腿上一摁，就是一个白坑，要经过很长时间才能慢慢地恢复起来。每个人都是有气无力。严重的营养不足，对妇女的身体健康影响更加明显。当时几乎所有中年妇女们都有子宫脱垂的问题。干部无奈之下只好放走她们！妇女们干活的时候，子宫就容易掉出来。她们就找个隐蔽的地方，用手摁回去。想想当时的情况有多惨。

没有办法，社员就只能去偷。偷东西一般都在晚上。而且还有一条"江湖规矩"：不偷本队，都是偷别的生产队。为了治偷，每个生产队都会组织专门的人员进行巡查。"偷"还有一个特点：只会是妇女去偷，男人不去。因为干部抓到后，见到男的就会揍上一顿。对抓到的妇女，比较宽容一些。而且，妇女们还有一个办法，由不得你不放了她。如果她们偷时被抓到了，就立即脱裤子。干部无奈之下只好放走她！妇女们通过这种牺牲尊严的办法来逃避惩罚，现在说起来有点心酸。可要不是万般无奈，谁又会愿意这样干？肚子饿了有什么办法，不能不说是当时社会的一个大悲哀。

农民煮食偷来的粮食，一般选择夜深人静时，用一个瓦罐放在自家灶上煮。所以，那时抓小偷，也有个诀窍，看哪里、哪家冒出烟气，就赶紧去抓。

关于抓小偷，我还做了一件至今让我心存愧疚的事。我是 1960 年冬天到的村。那时正有蚕豆。那次是我跟随两位村干部一块半夜巡查，一位干部发现有户人家向外冒热气，就推门进去。看见一位妇女和俩娃，正围着一个煮着蚕豆的瓦罐。见到我们进来，他们吓了一跳。很快就向我们央告求情。因为都知道这是被逼无奈才做的，所以我们对她没有采取什么处罚手段，只是一位干部把瓦罐随手提走了。从她家出来，两位干部一边走，一边吃蚕豆。还拿了一把给我。蚕豆半生不熟的，我也吃下肚子了。这件事之后的很长一段时间，我心里就老犯嘀咕。每每回想起当时的场景，心里都会隐隐作痛：总感觉有一点反胃，感觉自己做了一件不道德的事。直到 20 世纪 90 年代末期，我陪同一位中央领导同志去绵阳市考察。到了一个考察点，我看到不远处的山脊形状很似当年的四队所在地。我就询问起当地的同志，要求他们领我去这个村看看，我当时很想去给那位妇女道个歉。地方的同志说，找不着了，那个村已变成城市了。我不由感慨起世道变迁，沧海桑田了。

到四队后不长时间，我就把村里的基本情况摸清了。我将严重缺少粮食的情况向公社报告。很快，上面就批下来购粮指标，每人每天半斤米。指标有了，我们又遇到一个很棘手的问题，没有钱去买。

贷款又贷不到。这可怎么办？我就跟农户商量办法。有村民就建议割茅草卖。据村民讲，城里有一个国防厂子，是一个很大的军工厂。每年春节后都要大量收购当地的一种茅草。这种茅草的秆很硬，有大半个人那么高。四队有几座小丘陵，山上的林子里盛产那种茅草。我就发动农户去割草，然后拿去卖。不曾想，厂子的人说，他们不收。当年我毕竟年轻，很有闯劲。想着这么多乡亲等米下锅，我决定自己再去找厂子的领导说情。

在传达室，我就正式地讲，我是四川省委农村工作团的，要找你们领导。门卫一听是四川省委农村工作团的，就赶紧向上报告。厂长就来见我，看见我是一个小青年，有些吃惊。我就跟他说卖草的事。他说，现在还不到时间。我就央求他，"大伙都等着要吃饭呢！好不容易政府把补助粮指标发下来，可我们没有钱。""到时间不到时间，你们早晚不都是要收，现在收就是了。"磨蹭好半天，这位厂长人还不错，他终于答应收了，而且还把收购价格提高了一点。用这个办法把买粮食的问题给解决了。

有了粮食，四队食堂的伙食有了明显改善。此后，早饭那一顿每人是一两标准，午饭和晚饭一个人是二两（十进制）。虽然饭的内容没有丰富，还是用稻谷磨成的面，掺些胡萝卜或红薯叶煮，但实在了，变稠了。原来一钵钵汤，上面就是清汤，胡萝卜都全沉下去了。自从粮食分量增加了二两，胡萝卜就悬在半中央。这样，喝起来就感觉好多了。现在回想起来，当年四川省委决策很英明。因为有了这么半斤粮，保住了不少人的命。我经常都想，要是不及时解决这件事，再拖上几个月，后果恐怕不堪设想。

有那半斤粮食之前，村里的浮肿病很厉害，状况比较惨。很多农民，特别是病得严重的年轻人，坐下吃饭时会突然一下就趴在桌子上，口里不停地流出清水。如果不及时止住，流到一定程度后，人就没救了。遇到这种情况，有人就赶快嚼碎一些胡萝卜，塞进他（她）嘴里，并想办法让其咽下去。能止住了清口水，人也就能活过来。

如果光是脚、腿和脸肿，问题还不大，人还可以继续干活。如果是肚子也肿起来了，而且肿得发亮了，就比较危险了。对这样一些危重病人，我们将他们集中到"医院"，提供"营养餐"。"医院"其实不是真正医院，就是村子的一个僻静山沟里，有几间房，供他们集中休养。给他们每人每天增加一碗糠麸、一点糖，就是加强营养。这既是照顾他们，也是躲避上边的检查。上边有人来检查就把大门关上。我现在想，从我去的四队看，幸好有"十二条"，幸好有省委工作团，幸好有半斤粮，不然一切都不堪设想。

那时，我也浮肿了。但生活还可以，没有农民那么困难。学校照顾我们，给下乡的同学做了一些面饼带上，作为在乡下伙食的补充。我记得，我从区政府用扁担挑回来两篓面饼，然后藏在所住民房的一个隐蔽地方。两三天后我一次外出开会，回来后发现面饼全没了。原来社员趁我不在，全给吃了。工作队还有办法改善伙食。周日，我们就约到绵阳县城的饭店，吃上一顿好饭。我们有粮票，每人是27斤。在村里吃饭，每天只需交半斤。剩下的部分，我们就拿到饭馆用。还有就是隔一段时间，公社就会召集工作队的同志去开会。开会时就会留下大家吃一顿饭。公社将供销社收购来的死牛肉拿出来招待我们。开会是个名义，实际就是改善一下大伙的生活。

三、整顿干部作风

接下来我们的工作重点就是整顿干部的作风。当时，公社里经常批斗一些村干部。有些干部的行径，确实比较恶劣，不只是一般的"瞎指挥"，还打人、骂人。四队干部比较好，之前也打过人，但都打得不狠。在生产队里面，干部本身就很难搞什么特殊。如果真有什么"特殊化"，那也是逼出来的。

解决干部的作风问题之前，有一个发动群众揭发干部问题的过程。我们组织农民学习文件。文件除了有"十二条"，还有毛主席的《党内通讯》，一共六条（1959 年 4 月 29 日，《毛泽东致各级生产队长的一封信》），是写给全国生产队长的一封信，主要意思是不要听干部的瞎指挥。这些讲得很好，都讲到了群众的心窝子里。都说，毛主席是对的，是下边的和尚把经给念歪了。社员一听就火了，所以就开始恨村里的干部，揭发他们的事。真正发动起来过后，我们看到苗头不对，又赶快刹车，让有问题的干部主动做检讨。

申家大队的一位干部做了一件比较恶劣的事。据老百姓反映，之前有一个妇女坐月子，躺在床上不出工。他拿起一桶凉水就往床上泼。后来工作队研究，考虑要将他列为批斗对象，撤他的职。他知道了这个消息，就找工作队求情。我记得，他一边哭一边说，自己这种恶劣行为很不对，对不起农民，对不起社员。但他也是没有办法，公社布置下来任务，如完不成任务，他也要被拉去罚站、打耳光。他也是被逼的。

等他走后，带队的工作队长就跟大伙说："算了吧，都是上边逼的。别批判他了，也不撤职了。"其他人也觉得是这样。队长还讲了一下处理干部作风问题的大致办法：各个村的干部、队长，如果有打人的就要开一个会，让他们在会上做一下检讨；检讨完后，赶紧散会，不让大家闹起来。

四队有打人的事，我就要求那位干部开大会时向群众作检讨。正式开会时，他刚作完检讨，我马上宣布散会。这时，有些社员不干了，还要批判他。可我是省里派来的工作团代表，很有威信，宣布散会了，就结束了。散了会，还批判个什么呢。这是保护干部的一种手段。

四、设法发展生产

老实讲，刚开始进村，看到情况那么困难，我还真有点看不到希望。但有一个方向，我内心是很明确的：一定要把生产搞上去。怎么发展生产，是我进村后考虑最多的一件事。在清理"一平二调"的过程中，我找到了发展生产的抓手。

清理"一平二调"，就是刹"共产风"。具体来讲，就是将原来公社平调来的社员家、生产队的锅、盘、碗、盏、农具之类的东西，政府拿钱进行"退赔"。是生产队的东西，退赔给生产队；是社员的就退赔给社员。毛主席当时说："退赔问题很重要，一定要认真退赔。""县、社宁可把家业统统赔进去，破产也要赔。""十二条"的主要内容就是讲这个事情。我就将这些文件的意思说给社员们听。我发动大家尽量多说一些，多要一些钱。最后总共退了多少钱，我记不得了。

受家庭影响，我深深地知道好农具之于农业生产的重要性。我发现当时四队的农具很差，社员的农具也不好，尤其缺两样东西：粪桶和木盆。我问他们怎么能够增产。他们说，栽包秧是关键，不能插白水秧。什么是栽包秧？简单讲，插的秧的根部裹着粪土。正式插秧时，将秧苗在装有粪土的木盆里沾一下。配粪土很简单，用肥料和稀泥拌在一起就行。栽包秧，秧苗的根部包了一块肥料，从小营养足，产量自然就会高。

那时候没什么化肥，增产就靠这了。我早早就跟乡里供销社讲好，让他们多进粪桶和木盆，还有其他的一些小农具。粪桶下来之后，我发动四队的农民到绵阳县城挑粪，到机关厕所去"偷"粪。我讲，这季不准插白水秧，要保证百分之百地插包秧。农民高兴得很。有位老农直接就说："插包秧的话，我们的产量不说翻一番，至少翻大半番。"我们下手早，等到其他的生产队再去乡里供销社买时，已经没有什么好农具了。其他生产队的社员都说："哎呦，四队要吃饱饭了。"

真正插秧时，为调动大家的积极性，我采取了"激励责任制"。我将每人半斤口粮的一部分拿出来，专门用于奖励插包秧的人。一块田指定由一户负责。这一户要保证栽包秧，生产队再按面积补助这户一些粮食。那年的情况是，四队在大队完成得最早，而且栽得还都是包秧。

那年春季，乡里到四队开了现场会，让其他生产队向我们学习。其实，学习什么，开现场会也不管用。没有粪桶淘粪，又没有木盆，啥都没有，别的队能插包秧吗？我们都是年前就做准备了。当年四队的群众很感谢我的，觉得这娃还不错。这是我引以为豪的一件事。

到 1961 年 5 月份，我回学校了。具体那季产量怎么样，我不知道。但有一点我是确信的，四队的产量肯定要比其他生产队的高，而且会高很多。

清理"一平二调"时，还有一件事值得说一说。当时，我就琢磨着多为四队要点钱来。偶然听到一件事，使我眼前一亮。四队原本有一个池塘，因为用作挡堰的一条很长的条石，被那个军工厂给拉走了，池塘就垮了。水一下冲下去了，冲坏了四队的几亩好田。我觉得这是个好机会。我就直接找那位厂长，说了这事。开始他还推脱，称不知道有这事。后来，承认了，问我怎么办。我赶紧讲，赔些钱。经不住我的好说歹说，他终于同意了。不久后，四队拿到了赔款。

五、落实"三级所有，队为基础"政策

再接下来，就是落实"十二条"的"三级所有，队为基础"政策。简单讲，就是落实"三包一奖四固定"政策。"三包一奖四固定"政策，是作为基本核算单位的生产大队对生产队实行的一套管理办法，就是包工、包产、包成本、超产奖励和定土地、定劳力、定农具、定牲畜。

人民公社刚成立时，是以乡为单位统一核算，生产大队和生产队只是个生产单位，没有核算权。后来就改成"三级所有，队为基础"。"三级所有"就是土地等生产资料归公社、大队和生产队三级所有；"队为基础"就是以生产队为基本核算单位，但是当时要求必须以生产大队为基本核算单位。如果要退到以生产队为基本核算单位，就是退回到资本主义了，当时那是绝对不行的、不允许的。

因为山区不像平原，农户居住分散。在山区，一个大队会分成很多生产队，大队再对生产队实行"三包一奖四固定"政策。"四固定"就是土地、劳力、耕牛、农具"四固定"，这个生产队土地只能由这个队种；劳动力就是这些人；耕牛、农具也是固定给生产队。"三包"是包工、包产、

包成本。这个生产队核算多少工分，就要达到多少产量；根据种子、农药、化肥需要多少，核定成本。最后一个就是"超产奖励"。如果超产了，除保底范围那一部分统一核算、统一分配，超产部分就由生产队自己分配。这就调动了生产队的积极性，比原来全公社统一核算就强多了。

自己劳动付出能获取相称的收益，劳动者才有积极性。大家都懂得这个道理，根本不需要多讲。这项政策相对于大公社统一核算进了一大步。

现在回头来看，造成"三年困难时期"的主要原因，我觉得主要在"左"，而且还互相攀比：你比我进步，我比你还要进步；你革命，我比你更革命。随之而出现的就是"瞎指挥"现象了。

值得注意的是：与"放高产卫星"相反，当时农村地区大量出现"瞒产私分"的现象。这一现象几乎伴随了整个人民公社时代。为少缴些粮食，饿怕了的农民，包括一些干部想尽办法隐瞒产量，把粮食藏起来；甚至一些地方农民和生产队干部，打了粮食就私分了。这种情况的发生，不能怪社员和基层干部，要怪就怪"高指标、高产量、高征购"。老百姓没有饭吃，他不"深窖瞒藏"能行啊？农民这种"瞒产私分"的行为是在保护自己的产品，但这种行为对人民公社及"统购统销"的运行产生了严重影响。所以毛主席当年说它"既对又不对"。"对"是因为"它的土地，它的人力生产出来的产品，你不用等价交换，它抵制，这是保卫它的神圣权利，极为正确。""生产队为什么私分，你不让他公分嘛！"；"不对"是因为"瞒产私分粮食一事，情况严重，造成人心不安，影响广大基层干部的共产主义品德，影响春耕和一九五九年大跃进的积极性，影响人民公社的巩固，在全国是一个普遍存在的问题，必须立即解决。"尽管如此，在浮夸风、共产风盛行的50年代末60年代初，"反瞒产"的思想最终占了上风。为此，很多生产队干部挨了整。

不可否认，"三年困难时期"有自然灾害的原因。就我去的那个村子来看，主要还不是因为自然灾害，更多是因为当时的农村政策不对头，因为"五风"盛行。"五风"根源又在"左"。谁都想当先进，都在攀比，怕当白旗。这样，越"左"越革命。毛主席对这件事，观察得还是比较早，所以下定决心进行纠正。现在想来，如果当时不是及时纠正了这个事情，后果真不堪设想。

此外，"三年困难时期"是天灾所致，还是人祸造成，还是两者皆有？

等等，现在再作讨论，已经不重要。重要的是，我们应该从那一段艰难的岁月得到一些教训和有益启示：一项好的农业农村政策，必须在尊重经济社会发展客观规律的基础上，充分尊重广大农民群众的意愿和利益。我们国家后来历次的农业农村重大政策变革，正因为充分体现出这一条，所以都取得了伟大成功。

六、农业六十条

插秧过后我就回学校了。

1961年上半年，毛主席亲自主持，制定"农业六十条"，就是《农村人民公社工作条例（草案）》。这个《条例》从草案到最终定稿，经过了一年多时间。

"农业六十条"第一个决定就是进一步明确下放核算单位，把基本核算单位改成生产队，不再实行"三包一奖四固定"政策。这样，人民公社和生产大队实际上就被架空了，生产队变成了经济实体。"农业六十条"还明确，这项政策30年不变。这件事，让社员们非常高兴。其实，之前很多人都意识到了应该这么做，但大家都不敢说，主要怕说了之后被认为是右倾了。

第二个决定就是取消公共食堂。人民公社一成立，就办起了公共食堂。党中央，包括毛主席在内，都是支持办公共食堂的。当时中央的文件，领导的讲话，包括老师在我们大学课堂讲课，都讲："公共食堂是人民公社的心脏，是农村社会主义的一块阵地；如果没有公共食堂，人民公社就要垮。"所以，谁要反对公共食堂，要说公共食堂不好，谁就要变成白旗，就要变成右倾机会主义分子，就要挨批判。

当年，毛主席经过大量调查研究，下决心要取消公共食堂。解散公共食堂文件用词很巧妙，并不是明确讲"解散"。一直说它是"心脏"，是"社会主义阵地"，这怎么能"解散"。当时就这样讲，"根据社员的自愿，可以办可以不办；也可以农忙的时候办，农闲的时候不办；也可以几个人愿意办，几个人办。"老百姓都不愿意办，所以自然而然地就解散了。

这两条是"农业六十条"的最成功之处。如果没有这个"六十条"，我看，困难时期不能这么快结束。

取消公共食堂，还带来了一个问题。锅在大炼钢铁的时候给砸了，各自开伙的农户家里没有锅。那时候，国家就大量生产锅。

七、农业生产迅速恢复

1960 年年底和 1961 年年初，通过贯彻"农业十二条"，注重反"五风"；1961 年的下半年，贯彻"农业六十条"，取消公共食堂，下放生产基本核算单位。这样，一些由于"左"带来的问题得到了有效纠正和解决，农业生产迅速恢复了。

我记得，大学每年放完寒假开学时，回校的同学都要开会讲农村的见闻，包括农村的大好形势。1962 年春节后回来，就是 1963 年初，班上有一位同学讲回去看到农村形势如何好时，说农村最大的变化就是妇女。他说，去年（1961）回去时，妇女都是两头粗（因为得了浮肿病，脸和腿都肿了）；今年回去时，是中间粗。大伙开始没听明白，想了一下，都明白了，中间粗是因为都怀上孕了。大家哈哈大笑。

现在想起来，当时还有一个大政策功莫大焉。这项政策就是自留地长期不变。人民公社之前，每家还有一块自留地。初级社时，很大；高级社时，还有点；进入人民公社，生产资料都是公共的，农户就没有一点自留地了。

"农业六十条"又给每家每户划上一大块自留地，而且也是长期不变。重新有了自留地，农民拼命地种。自留地的产量，要比公社高出几倍。别看是一块不大的地，当年真是解决了农民的大问题。产量非常高，一家人的生活可算是有了大依靠。后来的"文化大革命"批判资本主义倾向，有个说法"在集体地里磨洋工，自留地上打冲锋"。这又是后话了。

当时也有一些人不赞成的。讲人民公社的优点就是"一大二公"。"大"是规模大，"公"是公有化程度高。当时就有人讲将基本核算单位放到大队是退步；后来再下放到生产队，实际上把人民公社和生产大队两级都给架空了，更加倒退一步。为此，有人狠批这是"倒退路"，但那些都是"左"的思想。

总之，"农业十二条"和"农业六十条"的贯彻实施，一下把农村的发展形势给扭转过来；有了农业生产的支撑，整个国民经济形势也好转了。从此，我们国家农村再没有出现"三年困难时期"那种状况。如果没有"农业十二条"和"农业六十条"，现在中国会是个什么情况，真不可想象。不管怎么讲，毛主席当年很英明。

链接资料四：

农村人民公社工作条例（修正草案）

（一九六二年九月二十七日，中国共产党第八届中央委员会第十次全体会议通过）

第一章　农村人民公社在现阶段的性质、组织和规模

一、农村人民公社是政社合一的组织，是我国社会主义社会在农村中的基层单位，又是我国社会主义政权在农村中的基层单位。

农村人民公社是适应生产发展的需要，在高级农业生产合作社的基础上联合组成的。它在一个很长的历史时期内，是社会主义的集体经济组织，实行各尽所能、按劳分配、多劳多得、不劳动者不得食的原则。

二、农村人民公社一般地分为公社、生产大队和生产队三级。以生产大队的集体所有制为基础的三级集体所有制，是现阶段人民公社的根本制度。

公社在经济上，是各生产大队的联合组织。生产大队是基本核算单位。生产队是直接组织生产和组织集体福利事业的单位。

三、人民公社的各级组织，都必须执行国家的政策和法令，在国家计划指导下，因地制宜地合理地组织生产。

中国共产党在人民公社各级组织中，必须起领导作用和核心作用。

四、人民公社的组织原则是民主集中制。

人民公社的各级权力机关，是公社社员代表大会，生产大队社员代表大会或者社员大会，生产队社员大会。

人民公社的管理机关是各级管理委员会。

人民公社的监察机关是各级监察委员会。规模较小的生产队，可以只设一个监察员。

人民公社各级社员代表大会的代表和各级管理委员会、监察委员会的成员，都必须经过社员充分的酝酿，采取不记名投票的方式选举产生。

五、人民公社各级的规模，都应该利于生产，利于经营管理，利于团结，利于群众监督，不宜过大。特别是生产大队的规模不宜过大，避免在分配上把经济水平相差过大的生产队拉平，避免队和队之间的平均主义。

人民公社的规模，一般地应该相当于原来的乡或者大乡；生产大队的规模，一般地应该相当于原来的高级农业生产合作社。但是，也不要强求一律。公社、生产大队和生产队，都可以有大、中、小不同的规模，由社员根据具体情况，民主决定。

第二章 人民公社的社员代表大会和社员大会

六、人民公社各级的重大事情，例如生产计划、分配方案、财务预算和决算、基本建设等，都应该由各级的社员代表大会或者社员大会决定，不能由管理委员会少数人决定。

人民公社各级的管理委员会和监察委员会的成员，都由各级的社员代表大会或者社员大会选举，公社一级的任期两年，生产大队的和生产队的任期一年。各级的管理委员会和监察委员会的成员，都可以由原选举单位随时罢免。

人民公社各级社员代表大会或者社员大会，在选举管理机关和监察机关的成员的时候，应该注意使贫农和下中农占优势。

七、人民公社各级社员代表大会或者社员大会，都要定期开会。公社的社员代表大会，每年至少开会两次。生产大队的社员代表大会或者社员大会，每年至少开会四次。生产队的社员大会，每月至少开会一次。

八、公社社员代表大会的代表，每两年改选一次。生产大队社员代表大会的代表，每年改选一次。

社员代表大会的代表，要有广泛的代表性。从事各种业务的人员，有经验的老农，青年和妇女，少数民族的社员，侨眷和归侨，都要有适当数量的代表。

第三章 公社管理委员会

九、公社管理委员会，在行政上，相当于原来的乡政府，受县人民委员会的领导。在管理生产建设、财政贸易、民政、文教卫生、治安、民兵和调解民事纠纷等项工作方面，行使乡政府的职权。这些工作，都要有人经常管理，防止无人负责的现象。

十、公社管理委员会的主要任务是，充分调动社员群众的积极性，组织各方面的力量，发展农业、畜牧业和林业生产。在领导生产中，应该经过充分的调查研究，执行群众路线，对生产大队进行适合情况的正确的领导，不可管得太多太死。

（一）根据国家计划和各生产大队的具体情况，兼顾国家和集体的利益，向各生产大队提出关于生产计划的建议，并且可以对各生产大队拟定的计划，进行合理的调整。在调整的时候，只许采取协商的办法，不许采取强制的办法。

（二）对于各生产大队的生产，进行检查，经过同社员和干部商量，及时地帮助生产大队解决生产中存在的问题，改进经营管理。不许乱开电话会议和各种会议，不许乱发乱要统计报表，不许瞎指挥生产。

（三）推行经过反复试验确实有效的增产措施、改良工具和先进经验。推行的时候，必须因地制宜，并且只能典型示范和提出建议，不许强迫生产大队和生产队接受。

（四）在必要的时候，可以组织生产大队之间的生产协作。组织这种协作，必须按照自愿互利和等价交换的原则，不许无代价地调用劳动力、生产资料和其他物资。

（五）适时地调剂种子，供应农具、肥料和农药，管好用好大型农业机械，从各方面帮助生产大队实现生产计划。供应这些生产资料，必须注意保证质量，讲求实效。这些生产资料，应该由生产大队和生产队自由选购，不许硬性摊派。凡是硬性摊派的，生产大队和生产队都有权拒绝接受。

十一、公社管理委员会应该根据生产的需要，根据人力、物力和财力的可能，经过公社、有关生产大队和生产队的社员代表大会或者社员大会讨论决定，经过上级批准，兴办全公社范围的或者几个生产大队共同的水利建设和其他有利于农业生产的基本建设，兴办几个公社共同的水利建设。兴办这些基本建设，必须不妨碍当年生产的增长和当年社员收入的增加，不可办得过多。

公社管理委员会在兴办这些基本建设的时候，必须订立合同，规定各单位的权利和义务，并且按照各单位受益的多少，分摊劳动力和资金。对于不受益的单位付出的劳动，被占用的土地和土地上的附着物，都必须给以合理的报酬和补偿。

公社管理委员会，应该负责管理和维修全公社范围的或者几个大队共同举办的水利建设和其他基本建设。

十二、公社管理委员会根据需要和可能，可以有步骤地举办社办企业。社办企业，除了用国家贷款举办的以外，可以由公社单独投资举办，可以由公社和大队共同投资举办，也可以由几个公社联合投资举办。

社办企业，应该主要为农业生产服务，并且同国家计划适当结合。应该主要靠就地取材，不要影响国家统购物资的收购。

一切社办企业的举办，都应该量力而行。公社和大队的投资，只能从社办企业的利润和公积金内开支。

一切社办企业的举办，都不能妨碍农业生产。社办企业和其他事业，应该尽先使用城镇的非农业劳动力。占用生产大队的劳动力，一般地不得超过生产大队劳动力总数的百分之二，有的地方可以少一点，有的地方也可以稍多一点。

一切社办企业，都应该严格实行经济核算，努力降低生产成本，不断提高产品质量，防止人力和物力的浪费。

凡是社、队共同举办和公社联合举办的企业，都必须签订合同，保障双方享受合同规定的权益，按照合同规定共负盈亏。

十三、公社管理委员会应该促进农村手工业生产的迅速发展。

农村手工业可以有多种形式，有社、队直接经营的手工业企业，有手工业生产合作社或者合作小组，还有进行独立劳动的个体手工业。

社、队经营的手工业企业，必须严格实行经济核算。农村手工业生产合作社和合作小组，都实行独立核算，自负盈亏，都受公社管理委员会和手工业县联社的双重领导。

公社管理委员会应该督促生产大队和生产队，对于技术熟练的手工业劳动者，按照不同的标准，采用不同的办法，计算劳动报酬，不能同农业劳动一样；并且在口粮供应上给以适当的照顾。

十四、公社公共积累的来源，是社有企业的利润和从生产大队提取的公积金。

公社的公共积累，除了用于扩大再生产和举办集体福利事业以外，应该拿出一部分，扶助生产上有困难的生产大队和生产队。

为了巩固大队所有制和发展大队经济，在今后几年内，公社一般地应该少提或者不提生产大队的公积金；如果要提，提取的比例，一般地不能超过生产大队当年公积金的百分之二十，并且要经过县人民委员会的批准。

十五、公社管理委员会的财务工作，必须严格遵守勤俭办社的原则，建立财务管理制度。一切开支，都必须有预算和决算，都必须按照规定的批准手续办事。严格限制非生产性的开支。财务必须公开，要按期向社员代表大会报告财务工作。

公社管理委员会应该领导和监督各生产大队的财务工作。公社管理委员会的财务工作，接受县的财政部门的领导和监督。

第四章　生产大队管理委员会

十六、生产大队，是人民公社这个联合经济组织当中的独立经营单位。它实行独立核算，自负盈亏。它统一管理各生产队的生产事业，又承认生产队在生产管理上的一定的自主权。它在全大队范围内统一分配归大队所有的产品和收入，又承认各生产队在产品留量和收入水平上的差别。

十七、全大队范围内的土地，都归生产大队所有，固定给生产队使用。

生产大队对于全大队范围内的劳动力，除了公社和大队按规定调用的以外，都必须固定在生产队，不许随意抽调。

集体所有的耕畜、农具，可以归大队所有，固定给生产队使用；也可以归生产队所有；也可以有些归生产大队所有，有些归生产队所有。究竟实行哪种办法，由生产大队、生产队同社员群众，在有利于保护和繁殖牲畜、有利于保管和维修农具的前提下，根据不同情况，兼顾大队和各生产队发展农业、畜牧业和副业生产的需要，民主讨论决定。决定以后，登记造册，不再变动。

固定给生产队的土地、劳动力、耕畜和农具，如果在特殊情况下，必须调用或者在生产队之间组织协作的时候，一定要不妨碍生产队生产计划的完成，经过协商同意，实行变工换工，严格遵守互利等价的原则。

十八、生产大队的生产计划，应该建立在各生产队生产计划的基础上。生产大队根据国家计划任务和各生产队的实际情况，对各生产队提出初步要求；然后，由各生产队发动社员充分讨论，拟定本队的生产计划；然后，由大队把各生产队的生产计划和大队企业的生产计划，加以综合，经过必要的协商调整，订出全大队的生产计划。

生产大队在制订生产计划的时候，对于农业生产的各个方面（农、林、牧、副、渔），对于粮食作物和各种经济作物，都要根据当地生产习惯和可能，统筹兼顾，全面安排。

十九、生产大队有完成国家征购粮食任务的义务。国家在规定生产大队的粮食征购任务的时候，要保证他们多产多留。

生产大队的粮食征购任务，应该定下来。在目前情况下，可以一年一定。有条件的地方，也可以两年或者三年一定。粮食征购任务定下来以后，在正常年景，增产不增购，减产不减购。

要避免在社员留粮标准上的平均主义。按人口平均提供商品粮较多的生产大队，口粮标准应该高些。对于从事经济作物、蔬菜、林业、牧业、渔业等各种生产的缺粮大队，在他们完成国家的收购任务以后，应该在粮食定销中给以照顾。

他们的口粮标准，一般地应该不低于邻近产粮区的口粮标准。

二十、生产大队对生产队必须认真实行包产、包工、包成本和超产奖励的三包一奖制。可以一年一包，有条件的地方也可以两年、三年一包。包产指标一定要经过社员充分讨论，一定要落实，一定要真正留有余地，使生产队经过努力有产可超。超产的大部或者全部，应该奖给生产队。对于超产粮食的生产队，可以把一部分、大部分或者全部超产的粮食，奖给他们。对于超产棉花、油料等经济作物的生产队，也可以适当地提高这些产品的留量。

在正常年景下，由于工作中的毛病，或者劳动不积极，没有完成包产任务的生产队，应该少得少分。

为了避免生产队之间的平均主义，生产大队对于原来收入水平较高、现在由于统一分配收入减少的生产队，可以从包产、包工、奖励或者发展副业等方面，加以照顾，使他们的收入也有增加。

二十一、原来高级农业生产合作社所有的山林和生产大队新植的林木，一般都归生产大队所有。国有山林和公社所有的山林，如果国家和公社不便于经营，也可以划给大队所有。大队可以把小片的零星的山林和路旁、村旁的林木，分别划给生产队和社员所有。

生产大队应该把大部分山林，固定包给生产队经营，使山林资源得到充分的利用和保护。少数不便于生产队经营的，可以由大队组织专业队负责经营。

生产大队和生产队应该根据山林资源条件、国家采伐计划和本大队的需要，同时，也根据负责经营的生产队的需要，确定每年林木采伐的数量、规格、时间和地点，对于不在计划之内和不合规格的采伐，生产大队和生产队都有权制止。

二十二、生产大队管理委员会，应该根据生产计划，经常督促检查各生产队的生产工作，帮助生产队及时总结生产经验、解决生产中的困难和问题，使他们能够超额完成包产计划。对于生产困难较多的生产队，生产大队应该更多地给以帮助。

生产大队管理委员会，应该推行先进经验和增产措施，在推行的时候，必须同生产队的干部和社员充分商量，由他们根据自己的情况决定，不能强迫他们接受。

二十三、生产大队为了发展多种经营，适应各生产队发展生产的需要，增加社会产品，增加社员收入，可以经营一定数量的大队企业。大队企业应该遵守农闲多办、农忙少办或者不办的原则。在农忙的时候，要尽可能使劳动力回到生产队，参加农业生产。

生产大队兴办的企业和事业，从生产队占用的劳动力，一般地不能超过生产队劳动力总数的百分之五，有的地方可以少一点，有的地方可以多一点。

二十四、各生产队按照包产计划上交大队的产品和收入，生产大队直接经营所得的产品和收入，都由生产大队在全大队范围内统一分配。生产大队在收益分配中，必须实行少扣多分，使社员增加收入。

生产大队必须努力降低生产成本，节约劳动时间，提高劳动效率，反对铺张浪费和滥用劳动力，严格控制非生产性开支，减少非生产人员，控制公共积累在收入分配中的比例，从各方面来提高劳动工分的分值。在生产队完成三包任务的前提下，要保证分配计划兑现。

二十五、生产大队扣留的公积金，在目前时期，一般地应该控制在大队可分配的总收入的百分之五以内。少数经济作物区、城市郊区等收入水平高的生产大队，扣留的公积金可以多些。

生产大队兴办基本建设和扩大再生产的投资，应该从公积金内开支。基本建设用工和生产用工，要分开计算。对于每一个有劳动能力的社员，经过生产大队社员代表大会或者社员大会通过，可以规定他每年做一定数目的生产性的基本建设工，作为集体经济的劳动积累。这种基本建设工，一般应该控制在每个社员全年基本劳动日数的百分之三左右，超过这个规定的基本建设用工，必须从公积金内发给应得的工资。

二十六、生产大队可以从大队可分配的总收入中，扣留百分之三到五的公益金，作为社会保险和集体福利事业的费用。

生产大队对于生活没有依靠的老、弱、孤、寡、残疾的社员，家庭人口多劳动力少的社员，和遭到不幸事故、生活发生困难的社员，实行供给或者给以补助。这个供给和补助的部分，从公益金内开支。

托儿所保育人员的劳动工分，主要由入托儿所儿童的家庭分摊，不够的部分，可以从公益金内给以补助。

二十七、生产大队必须严格执行财务计划，严格遵守财务制度，防止贪污舞弊。一切开支都要遵守规定的批准手续，对于一切不合制度和手续的开支，会计员和出纳员有权拒绝。一切收支账目都要日清月结，按月向社员公布。会计员管账不管钱，出纳员管钱不管账。生产大队还必须经常督促、检查和帮助生产队作好财务工作和物资管理工作。

第五章　生产队管理委员会

二十八、为了提高社员和生产队干部的积极性，必须确定和保障生产队一级的所有制。归生产队所有的部分，有下列各项收入和资产：

超产所得的奖励;

在完成包产任务的前提下,经营农、林、牧、副、渔各种生产所得的收入;

在完成包产任务的前提下,节约下来的资金;

划归生产队所有的果树、林木和水面等资源;

归生产队所有的农具;

用自有资金兴办的基本建设、购置的生产资料和其他设备;

包产任务以外利用空隙地和荒山种植的果树、林木和其他多年生作物;

归生产队所有的耕畜和它们繁殖的幼畜,固定给生产队使用的耕畜所繁殖的幼畜或者幼畜的分成部分。

所有这些资金、物资、农具、设备、林木、水面和牲畜,都归生产队全权支配,公社和生产大队都不能调用。在有必要进行适当调剂的时候,必须取得生产队的同意,实行等价交换。

二十九、生产队在管理本队生产上,有一定的自主权,在保证完成包产任务的前提下,它有权因地因时种植;有权安排农活;有权决定增产措施;有权选留和管理本队的种子;有权调整本队的劳动定额;在不妨碍水土保持,不破坏森林、草原和牧场的条件下,有权在本队范围内,开垦荒地、经营荒山和充分利用一切可能利用的土地;有权利用农闲时间经营各项副业生产。在决定这些事情的时候,生产队管理委员会,一定要充分同社员商量,特别要听取有经验的农民的意见,重要的事情,还要经过社员大会讨论通过,决不能由少数人任意决定。

三十、生产队在发展农业生产中,应该以发展粮食生产为主,同时,根据自然条件和历史习惯,积极发展棉花、油料和其他经济作物的生产;并且综合利用劳动力,充分利用自然资源和农作物的副产品,积极发展畜牧业、林业、渔业和其他副业生产。

在经济作物集中产区的生产队,应该以种植经济作物为主。

在山区和半山区的生产队,要切实培育好和保护好山林,防止破坏,并且积极地植树造林,因地制宜地发展用材林、经济林和薪炭林等项生产。

三十一、生产队必须认真保护和繁殖耕畜,特别要注意养好母畜、种畜和幼畜。

生产队应该采用民主推选的办法,严格选择饲养员。饲养的方式,可以集中喂养,可以小槽分散喂养,也可以个人包养。对于耕畜的喂养、繁殖和使用,应该建立严格的责任制,应该保证饲草饲料的供应,并且及时防治各种疫病。

对于保护、喂养、繁殖、使用耕畜和防治耕畜疫病成绩良好的单位和个人,都应该给以奖励。如果因为管理、饲养或者使用不善造成耕畜死亡,应该追究责任，给有关人员以适当的处分。

注意培养兽医，适当提高他们的劳动报酬。

三十二、生产队为了便于组织生产，可以划分固定的或者临时的作业小组，划分地段，实行小段的、季节的或者常年的包工，建立严格的生产责任制。畜牧业、林业、渔业和其他副业生产，耕畜、农具和其他公共财物的管理，也都要实行责任制。有的责任到组，有的责任到人。

对于劳动积极，管理负责，成绩显著，或者超额完成生产任务的小组和个人，不管本队是不是超产，都应该给以适当的奖励。由于劳动不积极，管理不负责，没有完成生产任务的小组和个人，本队超产不能受奖，本队减产应该多赔。

三十三、生产队应该组织一切有劳动能力的人，参加劳动。对于男女全劳动力和半劳动力，都要经过民主评议，根据各人的不同情况，规定每人应该完成的基本劳动日数。在规定女社员的基本劳动日数的时候，要照顾到她们从事家务劳动的实际需要。生产队还要组织一切能够从事辅助劳动的人，参加适合他们情况的劳动，并且按劳付酬。

三十四、生产队对于社员的劳动，应该按照劳动的数量和质量，付给合理的报酬，避免社员和社员之间在计算劳动报酬上的平均主义。

生产大队应该帮助生产队，制订各种工作的定额，实行定额管理。在制订工作定额的时候，要根据各种工作的技术高低、辛苦程度和在生产中的重要性，确定合理的劳动工分标准。农忙期间，农业劳动的报酬，应该高于平时。农业、畜牧业中有技术的劳动的报酬，应该高于普通劳动。手工业、林业、渔业、盐业等事业劳动的报酬，应该按照和农业劳动不同的标准计算。

凡是有定额的工作，都必须实行按件记分。对于某些无法制订定额的工作，可以按照实际情况，评工记分。不论男女老少，不论干部和社员，一律同工同酬。

每个社员每天的劳动工分，都要记入他的工分手册。社员的工分账目，要定期公布。

三十五、生产队必须认真实行按劳分配，多劳多得，避免社员和社员之间在分配上的平均主义。

生产队必须争取超产，节约劳动力和生产费用，努力提高社员实作工分的分值，增加社员的收入。

生产队从包产中所得的收入，要全部分配给社员。包产以外经营其他各种生产的收入，扣除生产费用以后，可以全部分配给社员，或者大部分配给社员，扣留一小部分作为自己的积累。

生产队包产以外增产的粮食，超产奖励所得的粮食，出售经济作物所得的国家奖售的粮食，除了经过民主讨论决定可以留下少量作为本队的储备粮以外，应该按劳动工分进行分配。

不论是超产或者减产的生产队，都应该在分配给社员的总额中，提取一定的数量，奖给生产特别好的社员或者作业小组。

对于工作积极、办事公道、有显著成绩的生产大队和生产队的干部，可以从超产部分提出一定数量的现金和实物，进行奖励。奖励多少，由社员代表大会或者社员大会评议。

三十六、在生产队办不办食堂，完全由社员讨论决定。凡是要办食堂的，都办社员的合伙食堂，实行自愿参加、自由结合、自己管理、自负开销和自由退出的原则。这些食堂，都要单独核算，同生产队的财务分开。

生产队对于社员办的食堂，应该给予可能的支持和帮助，但是在经济上不应该有特殊的待遇。对于参加和不参加食堂的社员，生产队都应该同样看待，不能有任何的歧视。

社员的口粮，不论办不办食堂，都应该分配到户，由社员自己支配。口粮分配到户的办法，可以在收获后一次发，也可以分期发。

三十七、生产队必须建立和健全财务管理制度。一切财务必须公开，定期公布账目。管钱、管账、管物资，要有专人负责。属于生产队所有的或者由生产队负责保管的粮食和其他农副业产品，都要认真管好，防止贪污、盗窃和损失。应该有一个副队长分管财务工作。

第六章　社员家庭副业

三十八、人民公社社员的家庭副业，是社会主义经济的必要的补充部分。它附属于集体所有制经济和全民所有制经济，是它们的助手。在积极办好集体经济，不妨碍集体经济的发展，保证集体经济占绝对优势的条件下，人民公社应该允许和鼓励社员利用剩余时间和假日，发展家庭副业，增加社会产品，补助社员收入，活跃农村市场。

三十九、人民公社社员可以经营以下的家庭副业生产：

耕种由人民公社分配的自留地。自留地一般占生产大队耕地面积的百分之五到七，长期归社员家庭使用。在有柴山和荒坡的地方，还可以经营由人民公社分配的自留山。

经过生产大队批准，开垦零星荒地。开垦的荒地一般可以相当于自留地的数量，在人少地多的地方可以少一点，在人多地少的地方也可以略多一点。

饲养猪、羊、兔、鸡、鸭、鹅等家畜家禽，也可以饲养母猪。在条件许可的地方，还可以饲养一两头大牲畜。

进行编织、缝纫、刺绣等家庭手工业生产。

从事采集、渔猎、养蚕、养蜂等副业生产。

经营由人民公社分配的自留果树和竹木。在屋前屋后种植果树和竹木。这些作物永远归社员所有。

四十、社员家庭副业的产品和收入，都归社员所有，都归社员支配。除了由国家统购统销的农产品以外，其他的农副产品，在完成同国家订立的定购合同以后，都可以拿到集市上进行交易。

社员的自留地和开垦荒地生产的农产品，不算在集体分配的产量和口粮以内，国家不征收农业税，不计统购。

社员家庭积肥，按照规定交生产队或者生产大队使用的，应该按质论价，付给报酬；超过规定数量、质量又好的，还应该给以现金和实物的奖励。

四十一、人民公社各级管理委员会，对于社员经营家庭副业，应该给以必要的指导和帮助，不要乱加干涉。同时，又要教育社员兼顾国家、集体和个人的利益，积极参加和关心集体生产，不损害公共利益，不投机倒把。

对于生活困难的社员，生产队应该在家庭副业生产方面多给一些便利条件，帮助他们解决困难，增加收入。

人民公社各级的集体经济单位和国家指定的国营企业，可以根据社员自愿和公私两利的原则，分别采取加工、订货、代购原料、代销产品、收购产品和公有私养等适当的方式，帮助社员家庭副业生产的发展，并且使它和集体经济或者国营经济联系起来。

第七章　社　　员

四十二、人民公社社员，在社内享有政治、经济、文化、生活福利等方面一切应该享受的权利。人民公社的各级管理委员会，对于社员的一切权利，都必须尊重和保障。

要保障社员个人所有的一切生活资料，包括房屋、家具、衣被、自行车、缝纫机等，和在银行、信用社的存款，永远归社员所有，任何人不得侵犯。

要保障社员自有自用的小农具和工具等生产资料，永远归社员所有，任何人不得侵犯。

要认真执行放假制度，实行劳逸结合。男社员每月放假四天，女社员每月放假六天。可以分批轮流放假；在农事大忙的时候，也可以把放假的日子挪前挪后。

要关心社员的身体健康，保护社员劳动中的安全。对于因公负伤的社员，应该给予适当的补贴。对于因公死亡的社员的家属，应该给予适当的抚恤。对于女社员的生理特点，要加以照顾。女社员在产假期间，应该酌量给以补贴。

要保障社员对社、队的生产、分配、生活福利、财务开支等方面提出建议、参加讨论和表决、进行批评和监督的权利，对干部违法乱纪行为进行控告的权利，任何人都不许习难、阻碍和打击报复。

四十三、社员的房屋，永远归社员所有。

社员有买卖或者租赁房屋的权利。社员出租或者出卖房屋，可以经过中间人评议公平合理的租金或者房价，由买卖或者租赁的双方订立契约。

任何组织、任何人，都不得强迫社员搬家。任何机关、组织、团体和单位，都不得占用社员的房屋。如果因为建设的需要，必须征用社员的房屋，应该严格执行国务院有关征用民房的规定，给以补偿，并且对迁移户作妥善的安置。

鼓励社员修建住宅，国家、公社、生产大队和生产队应该在人力、物力等方面，给以可能的帮助。

四十四、人民公社社员，在公社内必须履行自己一切应尽的义务。每一个社员都要遵守国家的政策、法令，执行社员代表大会和社员大会的决议。每一个社员都应该自觉地遵守劳动纪律，必须完成应该做的基本劳动日。每一个社员都要爱护国家和社、队的公共财产，积极地保护这些财产不受损害。

人民公社社员，都要提高革命警惕性，防止封建势力复辟和反革命分子的破坏活动。

第八章　干　　部

四十五、人民公社各级组织，都必须保持精干。公社一级干部的人数，应该按照编制配备，只许少不许多。生产大队和生产队干部的人数，根据大队和生产队规模的大小，由社员讨论决定，数目也不可过多。

四十六、人民公社各级的干部，都要树立为人民服务的思想，作人民的勤务员。

要正确地理解国家利益和群众利益的一致性，把对上级负责和对群众负责正确地结合起来。在执行上级指示的时候，如果确实有困难，可以提出自己的意见，报请上级处理。

要关心群众生活，处处为群众打算。

要和群众同甘共苦，反对特殊化。

四十七、人民公社各级的干部，都必须认真执行"党政干部三大纪律、八项注意"。

三大纪律是：（一）如实反映情况。（二）正确执行党的政策。（三）实行民主集中制。

八项注意是：（一）参加劳动。（二）以平等的态度对人。（三）办事公道。（四）不特殊化。（五）工作要同群众商量。（六）没有调查没有发言权。（七）按照实际情况办事。（八）提高政治水平。

四十八、人民公社各级的干部，都必须坚持民主作风，反对强迫命令。不许压制民主，不许打击报复。要平等地和群众讨论问题，使有各种不同意见的人都能畅所欲言；对于持有不同意见的社员，只许采用商量的办法、不许采用强制的办法对待。不许乱扣帽子。严禁打人骂人和变相体罚，严禁用"不发口粮"和乱扣工分的办法处罚社员。

四十九、人民公社各级的干部，都必须同社员一起参加劳动。

公社一级的干部，应该按照不同的工作情况，分别参加一定天数的劳动，最少的全年不能少于六十天。

生产大队和生产队的干部，都要以一个普通社员的身份参加劳动，同社员一样评工记分。每一个生产大队的干部，一般地都要固定在一个生产队参加劳动。为了不使生产大队和生产队的干部因公误工减少收入，应该根据各人担负工作的繁重程度，分别给以定额补贴或者误工补贴。生产大队和生产队干部的补贴工分，合计起来一般地应该控制在大队工分总数的百分之二左右。

县和县以上各部门召集生产大队和生产队的干部开会，除了负担伙食费和旅费以外，还应该发给他们适当的津贴。

五十、人民公社各级工作人员的任免和奖惩，都必须按照规定的手续办事，不许任用私人，徇私舞弊。凡是不合规定手续的，一律无效。

第九章 人民公社各级监察委员会

五十一、生产队监察委员会或者监察员，受生产大队监察委员会的领导。生产大队监察委员会，受公社监察委员会的领导。公社监察委员会，受县人民委员会的领导。

五十二、人民公社各级监察委员会的职责是：

检查管理委员会的干部是不是违反国家的政策、法令，是不是违反本条例的规定和社员代表大会、社员大会的决议；

检查干部有没有侵犯社员的公民权利和社员权利，以及其他违法乱纪的行为；

检查财务收支是不是正当，是不是违反财务制度；

检查徇私舞弊、铺张浪费、贪污盗窃和破坏公共财产的行为。

对于性质严重的问题，监察委员会应该向县人民委员会或者县司法机关提出控告和检举。

五十三、人民公社各级监察委员会有下列权力：

受理社员的控告、检举和申诉；

审查本级和下级管理委员会的和一切企业、集体福利事业的现金和实物的收支账目；

参加本级和下级的管理委员会的会议；

向本级和下级的管理委员会或者别的组织和人员提出质问，受质问的单位和人员必须负责及时答复；

在必要的时候，组织专人进行检查和调查，一切有关的单位和人员都有义务提供材料。

监察委员会，在工作中遇到阻碍和抗拒的时候，有权报请上级处理。

五十四、人民公社各级管理委员会的干部，担任会计、出纳、保管的人员和社、队的企业和事业的管理人员，都不能担任监察委员会的职务。

第十章　人民公社中的党组织

五十五、公社党委员会和它下面的总支部、支部，是中国共产党在农村中的基层组织，是农村工作的领导核心。

五十六、人民公社中的党组织，必须根据党的方针政策，加强对人民公社各级和各部门工作的领导，但是，不应该包办代替各级管理委员会的工作。社、队的业务工作，应该由管理委员会处理。

人民公社中的党组织，应该定期讨论和检查各级社员代表大会或者社员大会、管理委员会和监察委员会的工作。对于生产、群众生活、执行国家政策法令、执行国家计划和其他方面的重要问题，一般地应该在党内进行充分酝酿，并且同社员和非党干部共同研究，然后再把党组织的意见提交社员代表大会、社员大会、管理委员会或者监察委员会讨论，通过以后，保证执行。

五十七、人民公社中的党组织，必须作好思想政治工作。

要通过各种形式，分别向党员、团员和群众宣传马克思列宁主义和毛泽东思想，宣传党的社会主义建设总路线，进行社会主义、爱国主义的教育，进行时事政策的教育，从思想上和政治上巩固人民公社。

要教育党员、团员和干部，经常关心群众生产中和生活中的困难问题，反映群众的意见。

要教育党员、团员和干部，正确地执行党在农村中的阶级路线，依靠贫农和下中农，巩固地联合其他中农。要加强各族劳动人民之间的团结。

五十八、人民公社中的党组织，必须领导好共产主义青年团和妇女代表会议的工作，使它们真正发挥党联系群众的纽带作用。

人民公社中的党组织，必须加强对民兵工作的领导，切实保证民兵武装掌握在正直可靠的贫农、下中农积极分子手中。

五十九、人民公社中的党组织，应该健全党的组织生活，加强党的组织性和纪律性，克服党的工作无人负责和组织生活涣散的现象，充分发挥党支部的堡垒作用和党员的模范作用。

要定期召开党的小组会和支部大会，加强党员对党的政策的学习和党章的学习，检查党员在群众中间的工作，进行批评和自我批评。

公社党委员会和它下面的总支部委员会、支部委员会，都要按照党章的规定定期进行选举。在选举中，要充分发扬党内民主，还要注意听取非党群众的意见。

吸收党员和处分党员，都必须严格遵守党章规定的手续。

公社党委员会要做好党员的审查工作，严密和纯洁党的组织，严防坏分子和阶级异己分子混入党内。

六十、人民公社中的党组织，必须严格遵守民主集中制，实行集体领导和分工负责相结合的原则。一切重大问题，都必须开会讨论，不能由书记个人决定。在讨论中间，要使到会的人都能够充分发表意见；在决定问题的时候，要认真遵守少数服从多数的原则，集体决定。党委集体决定以后，各有关党组织和人员必须认真负责，分头去办。

经过贯彻落实"农业十二条"和"农业六十条"，农业农村形势大为好转，我们国家顺利地度过了三年困难时期。紧接着，农村又开始了大规模的"社会主义教育运动"。中共中央 1963 年 5 月发出《关于农村工作中若干问题的决定（草案）》（"前十条"），标志"四清"运动正式开始。当年 9 月中央又发出了《关于农村社会主义教育运动中的一些具体政策问题》（"后十条"）。两个文件统称为"双十条"，是指导"四清"运动主要的两个中央文件。1965 年 1 月 14 日，中央发出《农村社会主义教育运动中目前提出的一些问题》，即"二十三条"。农村的"四清"运动便以此文件为主要指导。对于"四清"运动，上述三个文件提法并不完全相同。"前十条"说"这一场斗争是重新教育人的斗争，是重新组织革命的阶级队伍，向着正在向我们猖狂进攻的资本主义势力和封建势力作尖锐的针锋相对的斗争，把他们的反革命气焰压下去，把这些势力中的绝大多数人改造成为新人的伟大的运动"。"后十条"提出这项运动有五个要点：即阶级斗争、社会主义教育、组织贫下中农阶级队伍、"四清"、干部参加集体劳动。"这五个问题中间，阶级斗争是最基本的"。"二十三条"不仅明确把"四清"概括为"清思想，清政治，清组织，清经济"；而且明确提出"这次运动的重点是整党内那些走资本主义道路的当权派。"在"双十条"发出期间，1963 年 8 月份，段老从四川财经学院毕业，被分配到中国农业科学院农业经济研究所工作。先到北京郊区劳动一年，段老 1964 年 8 月份刚回单位便被组织通知参加中央赴贵州"四清"工作团，到贵阳花溪区中曹公社大朱显寨子（大队）的一个生产小队。在工作队的领导下，直接负责组织带领村里群众开展"四清"运动。段老工作可谓尽心尽力，但由于现实情况与文件讲得有较大出入，段老组织带领村民们开展"四清"活动成效并不显著。后来段老又有过一次在北京郊区"四清"工作的短暂经历，成效也不大。

第四篇　在贵阳中曹公社和北京郊区搞"四清"①

一、关于"双十条"

"四清"运动的发生，有一些背景情况。

---

① 原题是"两段'瞎折腾'四清经历"，发表在《农村工作通讯》2014 年第 14 期。

三年困难时期，我们国家通过调整政策，实施"农业十二条""农业六十条"等政策，1962年农业生产和农村经济形势就根本好转了。这过程中出现了包产到户之类的事。实行包产到户，最严重是这几个地方：安徽省、浙江温州市和甘肃临夏州。我听到当时（1962年）有说法，最高峰时，安徽全省十之八九的生产队试行了"责任田"；甘肃临夏州8 000多个农业社中6 000多个实行了包产到户。全国的生产队实行包产到户的约占五分之一。包产到户有利于调动生产者的积极性，进而有利于促进粮食生产。这为我国尽快走出三年困难时期发挥了作用。

需要说明的是，包产到户与当时农村政策并不相符。所以在"整风整社"期间，就曾专门有个批判对象——"单干风"。所谓"单干"就是指搞包产到户。

1962年8月，中共中央政治局在北戴河召开工作会议，即"北戴河会议"。会议通过了一份关于农业的决议，决定对农民开展社会主义教育，纠正包产到户做法。随后召开的八届十中全会上（1962年9月），毛泽东提出"阶级斗争要年年讲，月月讲，天天讲"，号召"全党千万不要忘记阶级斗争"。由此看出，"四清"运动又是前期整风整社运动的延续。

"前十条"的发出，是"四清"运动正式启动的标志。

1963年5月，毛泽东同志召集召开了"五月工作会议"。会议讨论制订了《关于农村工作中若干问题的决定（草案）》（"前十条"），并于当月20日颁发。会议决定在农村开展社会主义教育，把"四清"明确为"清账目、清仓库、清工分和清财物"。

说到"四清"，保定经验需要讲一下。整风整社时期，为解决年终分配问题，河北省保定地委想出了一个办法。主要是根据"农业六十条"和相关政策精神，普遍进行清理账目、清理仓库、清理工分、清理财物，实行勤俭办社和民主办社。保定的"四清"做法得到了中央充分肯定，后被附在"前十条"后面作为指导全国"四清"工作的基本经验加以推广。

"前十条"发出后，全国各地都开展社会主义教育运动的试点工作。全国"四清"试点工作整体进展良好，但也出现了一些打人罚跪等不好现象。为了纠正运动出现的偏差，中央及时作出政策调整，组织专人又搞了一个文件（《关于农村社会主义教育运动中的一些具体政策问题》），也是十条，于1963年11月发出。这就是"后十条"。与"前十条"合称"双十条"。

"双十条"是"四清"运动主要指导文件,都强调了农村开展阶级斗争的重要性。其后陆续也发出一些指导性的文件,但最根本、最重要的就是这两份。直到1965年1月份,中央根据形势的发展,发出了"二十三条"。

根据"双十条",全国农村普遍开展"四清"运动。

我是在"前十条"与"后十条"发出当间毕业、参加工作的。1963年8月份,我从四川省财经学院农经系毕业,后被分配到中国农业科学院经济研究所。我们那一批到农科院的大学毕业生,一共有100多人。到农科院报到后,我们就被下派到"中阿友谊公社(农场)"参加公社生产劳动。一待就是一年。

二、参加"四清"工作团

1964年8月份,下乡劳动结束了。回单位还没正式上班,就被通知要到贵州参加"四清"工作队。

去贵州之前,我们在北京集中学习培训了3天。内容主要是"双十条"和王光美同志的一个讲话。讲话是王光美同志在河北抚宁县带队开展"四清"运动的经验总结,史称"桃园经验"。我现在还记得,培训的同志说,农村出现了严重的阶级斗争的情况,具体表现有九条。通过这次学习培训,我的脑子也绷紧了阶级斗争这根弦,认为当时农村阶级斗争很严重,很多地方被资产阶级占据,我们要去带领贫下中农夺回权力。可以说,我是出于阶级感情,带着满腔热忱到贵州去的。

其间我也听到一些传闻。大概是贵州省委"犯了右倾机会主义路线性质的错误",贵阳市的主要领导出了大问题。

1964年9月初,工作团到了贵州贵阳。

我所在的工作组一共有7人,带队的是农业部管宣传工作的处长,是个"三八式"的老同志(指我们党1938年前后的抗日战争初期参加革命的干部)。

根据组织安排,工作队被派到了贵阳市花溪区中曹公社。正式下乡之前,我们又在贵阳市学习了半个月。其间,我又陆陆续续听到了关于贵阳市委的一些传闻。说是贵阳市情况更加严重,市委班子都"烂掉了",市委第一书记伍嘉谟因此被撤了职,等等。总体还是那个感觉,这个地方阶级斗争情况很严重，我们要抓紧开展工作。

经过两次学习培训，加上之前有过一次下乡的整风整社的经历，我自己对做好这次"四清"工作是充满了信心。

三、找不到"阶级敌人"

我被派到了花溪区中曹公社大管村大朱显寨子。当年这个寨子离贵阳市区很远，走着去要2个多小时。现在再去看，到处是高楼商场，车行人往，热闹繁华，完全没有当年穷乡僻壤的山寨影子！大朱显寨子当时共有50多户人家，除了一户是汉族外，其余的都是布依族。这些布依族村民都会讲汉语。寨子分成两个生产队。我和农业部另一位吴姓同志一人包一个生产队。村又具体分为三个小寨子，我所在寨子最小。

还记得，我是1964年11月初进村的。

一开始，我带着搞阶级斗争目的去的。所以到村后，第一件事就是找阶级敌人、坏分子。

按照统一部署，我首先组织村民学习文件。我们是白天干活，晚上开会。最初的一个来月，我们天天晚上都开会。会上就读"双十条"等"四清"文件。开始村民有些散漫，开会不认真。又由于是布依族，他们聚到一块就唱歌。所以开会有时就成了拉歌会了。看到这个情况，我发了一次脾气，严肃地指出这个问题。村民一看，知道这次是来真的了，就认真起来了。

组织学习过程中，我就是给村民对照着文件中讲九个方面阶级斗争表现。

"（1）被推翻的剥削阶级，地主富农，总是企图复辟，伺机反攻倒算，进行阶级报复，打击贫农、下中农；（2）被推翻的地主富农分子，千方百计地腐蚀干部，篡夺领导权。有些社、队的领导权，实际上落在他们的手里。其他机关的有些环节，也有他们的代理人；（3）有些地方，地主富农分子进行恢复封建的宗族统治的活动，进行反革命宣传，发展反革命组织；（4）地主富农分子和反革命分子，利用宗教和反动会道门，欺骗群众，进行罪恶活动；（5）反动分子的各种破坏活动，例如，破坏公共财产，盗窃情报，甚至杀人放火，多处发现；（6）在商业上，投机倒把的活

81

动很严重,有些地方,这种活动是很猖狂的;(7)雇工剥削、放高利贷、买卖土地的现象也发生了;(8)在社会上,除了那些继续搞投机倒把的旧的资产阶级分子以外,还出现了新的资产阶级分子,靠投机、剥削大发其财;(9)在机关中和集体经济中出现了一批贪污盗窃分子,投机倒把分子,蜕化变质分子,同地主富农分子勾结一起,为非作歹。这些分子,是新的资产阶级分子的一部分,或者是他们的同盟军。"

寨子里有没有这种情况?我鼓励村民讲。会上大伙都讲不出什么来。

我也挨家挨户了解情况。根据"桃园经验",我知道会上很难了解真实情况,于是也搞"扎根串联",轮流到各家各户去聊。每个人都是什么成分?有没有阶级敌人混到这个寨子里?有没有漏划的地主、富农?有没有外来的人,外来人是什么情况?有没有人当过土匪?等等。通过近二十天的了解,结果也没有发现什么情况。总之,寨子里是干干净净的。大家成分也都很好,50多户中就只有一户中农。我所在的寨子没查出什么阶级敌人、坏分子来。我向工作队汇报了这一情况。

我听说,大队其他两个寨子情况也大体如此。找不出阶级敌人,就没有斗争对象。这怎么办呢?我们很苦恼。我们工作组组长了解这个情况后,也很着急。我们商量怎么办,如何向公社汇报。当时刚好一位农科院副院长来检查工作。他了解后就说,没有就没有嘛。记得当时很有名的一句话,"不要在上边看,看不见蚂蚁,一到下边看全是蚂蚁"。他说,这就不行,没有就没有,实事求是。这下我们就放心了。

到村后我抓的第二件事,组织村里生产队长及以上的村干部学习。所谓学习,其实就是让他们交代问题。按当时说法叫请村干部"上楼"。可结果发现寨子里的干部并没有什么问题,不但没有贪污之类的情况,连多吃多占的情况都没有。问社员对村干部有啥意见,结果大家都没意见。一位社员的讲法很有代表性。他说,"段同志,我们这个地方没有阶级敌人。我们队长也没事,没打过人,没骂过人。"

我将这个情况向上面进行汇报。上面说,这样不行。怕是大伙当面不好说,得分开一个一个谈。然后我又一户一户地走了一遍。这次走访中,我每次都只与一位村民交谈,不允许有别人在旁边。这还真查出了点事:那位中农迷奸了一个外来女人,找了两个老婆。

事情是这样的。这位中农40多岁,结婚多年老婆没有生下娃娃。前些年，有位家在贵阳没有正式工作的中年妇女在城里待不下去，带着一个娃跑到了寨子。这位中农收留了她们娘俩。一次中农把她迷奸了。事后大伙劝她，既然这样了，就留下来吧。结果就嫁给他了。这属于重婚罪。我们就考虑，要不要抓，把他作为敌人。他的"大老婆"听说了这个情况，赶紧就来求情。她向我们哭诉，他们实在想要个娃，她就给男人出了这个坏主意，所以要处罚就处罚她吧。工作组组长听后就说，斗争就算了吧，干脆让他们离婚吧。其实他们本来也没有正式登记结婚，只算个"事实婚姻"。他俩回去后就宣布离了。我们就不再追究了，这事就算过去了。

为什么大伙都讲生产队长没有事呢？一圈慢慢摸下来，我了解了一些情况。这位队长比较年轻，干活很好，脾气不坏，没有私心，得到了大伙的支持。同时，还与这里的民风有关。布依族寨子有个规矩，有饭大家吃，有肉大家也是一起吃。比如哪家杀头猪，家家户户去帮忙，杀完后大吃一顿。每年打完粮交完公粮后，就立刻分掉。包括油菜籽打完后也立刻分给农户。这就是所谓当年的瞒产私分现象，实际上老百姓得了益。所以就是在三年困难时期，这个寨子里家家户户并不缺粮。寨子分配很公平加上淳朴的民风，寨子的人们特别团结。我在那里待了半年多，一次也没有听到村民之间的吵架和闹矛盾。

所有的东西都分完，村里账户上什么也没有。这就给我查经济造成了困难。我是学习农经的，又经过专门学习培训，只要账面有问题，我自信肯定能查出来。可问题是，现在村里账上干干净净，叫我查什么？的确让我恼火。

四、选不出贫下中农组组长

1964年5月召开的中央工作会议，制定了《中华人民共和国贫农下中农协会组织条例（草案）》，同年6月印发全国。根据这个文件，贵州省成立了贫下中农协会。按照统一部署，我们寨子成立了贫下中农小组。根据文件的要求，只有那户中农不能参加小组。选组长时，结果大伙又把那位年轻的生产队长选上去了。贫下中农夺权，干部要靠边站的。这又不符合规定。我们又不敢违反规定进行任命，所以组长人选就没有选出来。但实际最后还是那位队长当"组长"。贵州省贫下中农协会成立后，当时的报纸上讲夺权斗争是热火朝天，但我在寨子里什么也没看到。

1965 年初，贵州省贫下中农协会在省里要开代表大会，我们公社要出个基层干部代表。我们就研究由谁去。可哪个村的工作组都不敢让本村干部去，怕以后查出那个基层干部有问题负不起责任。我就建议由我们寨子的队长去。"当干部代表参加贫下中农协会，小段可得小心啊。"工作组有同志就善意地提醒我。我说，没有事。因为我对他家情况了如指掌，确信这位队长是没事的。结果是他真当上了代表。那是他第一次到省里去开会。一开三天，每天都吃干饭，他特别高兴。回来后，兴奋地告诉我，见到省委书记了。寨子里也把这当成件大喜事，大伙围到一块唱了歌。

查完干部之后，还有个"洗澡下楼"的程序。群众没有反映出什么问题，又当上代表到省城参加贫下中农代表大会，队长就问我，自己是不是没有事，就算"下楼"了？我向工作队请示。工作队说，"还得开一次会，让他做检讨。现在到处都是阶级敌人，要注意防范。"

让他检讨，可检讨什么？查经济，我是什么问题也没有发现。寨子有个会计，没什么文化，但简单的账是会记的。村里就几笔账，清清楚楚，村民的说法也能对得上。清工分，谁家几个工分，怎么分配，一查很清楚；清仓库，没有仓库；清财产，就有几头牛；清账户，没有一分现金账。寨子根本就查不出干部的贪污问题。我了解到公社里有生产队查出100 多块现金账问题，我所在的生产队是一分钱也没有。实在没有办法，只能是无中生有。队长见我为难，主动出主意，"段同志，就讲我多吃多占嘛！"

那么，多占了多少钱合适？于是我们又在数目上"讨价还价"起来。"五块吧。""太少了。20 块吧。"因为按照当时的政策，多吃多占的钱要如数地退赔的。"我哪有这么多钱退呀？"他觉得太多，不干。不过，最终我们还是以"20 块"的数目报了上去。关于退赔，因为也没有人来真正追这件事，所以最终也是不了了之。

"二十三条"传达之后，工作组反复学习、讨论，私下议论时，都觉得运动转向党内走资派，对基层干部要多加保护，实际上有点"转向"的味道。我当时就感到，我所在那个寨子的几位生产队干部，既不是"党内"（不是党员），又算不上"当权派"，于是脑子里原来绷得很紧的那根弦，一下就松下来了。根据"六条标准"的最后一条，我把全部精力转到抓生产方面。与大伙商量，觉得吃饭没有问题，主要是缺钱。为此，我想了两个办法：一是组织青年劳力到二戈寨火车站搞搬运。我们那寨子离火车站不远，事实上社员去担粪时也顺便搞点搬运赚点外快，因此就想正规组织个搬运队，集体挣点钱。二是种蔬菜。当时寨子下边的平场上有一座孤零零的六层大楼，是个军工单位，具体干什么不清楚。据社员讲，大楼下边还有好几层，所以平时见不着多少人。他们每天到贵阳市拉菜，很不"经济"。我去与那个搞后勤的领导商量，把旁边的稻田改种蔬菜，专门供应他们。那位领导听了很高兴。可是最终这两条没有办成，原因是前者不符合政策，后者不符合计划。工作队队长警告我：你小小年纪尽出歪主意，小心犯右倾错误啊！回到队上我就宣布：搬运队不搞了，蔬菜也不种了，大家原来干啥还干啥。听后，社员们一个个垂头丧气。

五、"没做好""四清"工作

老实讲，没能抓出一个阶级敌人，也没有搞过一次激烈的斗争批判会，我在寨子的"四清"工作不算"成功"，纯粹是瞎折腾一番。不过，我对此并不感到遗憾。现在回过头看，我反而感到庆幸。因为在"四清"运动中，没有因为我的工作，伤害到一位村民和村干部。反而是在驻村工作那段时间，与村民们共吃住，同劳动，我感觉很充实；更为可贵的是，我分享了村民的快乐。

那段日子，除了开展"四清"外，我与村民一起下地干农活。他们挖田，我挖田；他们担粪，我担粪；他们插秧，我插秧。虽然条件艰苦，繁重的体力劳动让我感到充实。

尽管物资还是相当贫乏，寨子的人们却总是保持快乐。大伙会不时地聚到一块唱歌。这种快乐总能感染到我。

最热闹是赶大集。一遇上大集，年轻人都走了。赶集路上，对歌是不会少的。一拨男的遇上一队女的，那个就热闹了。对歌开头的信号是"啊哈"。我曾经跟着村民们赶过几次大集。听过他们对了不少歌。用现在的话来讲，歌词都是即兴的。比如，两个人玩了半天，分手时男的唱，"走了一坡又一坡，山上木叶渐嗖嗖，今天隔妹一张纸，明天隔妹几层坡……"女的就应唱，"走去走回心不乐，转来问哥要烟盒，烟盒配在妹身上，看他一眼心就乐……"

充实和快乐让我对这个寨子产生眷恋。1965 年 6 月，返京之前，我与村民一一道别，充满了不舍。

其间，我曾到黔桃公社了解阶级斗争情况。我在那里小住了两个星期。时任贵阳市委宣传部部长的朱厚泽同志，被撤职后正下放在那里劳动。我与他有过几次交流。可能是因为与那段艰辛的经历有关，后来他在担任中央宣传部部长后，在宣传方面提出了著名的"三宽政策"，即，"对于跟我们原来的想法不太一致的思想观点，是不是可以采取宽容一点的态度；对待有不同意见的同志，是不是可以宽厚一点；整个空气、环境是不是可以搞得宽松、有弹性一点。"因为这，他很快离开了中宣部，到农研中心当副主任，成了我的领导。

六、"也不成功"的第二次下乡"四清"

1965 年 6 月，我回到中国农业科学院。

之后，我还有一次到北京房山周口店镇娄子水村开展"四清"工作的经历。那次带队的是北京军区副司令员张兰生同志，邓小平夫人卓琳同志也参加了，队员主要是北京军区的干部，还有北京舞蹈学院的师生。因为工作组需要一个搞农业的，所以我被选上了。

当时有个工作原则，思想批判从严，组织处理从宽。开始发动时把问题想得严重一些，后来处理时只要没什么大事就可以，处理从宽。第二次"四清"工作，我仍然是没什么建树。我还记得，除了每次会前舞蹈学院的同学给大伙表演一场舞蹈外，唯一就是离开前我们帮着娄子水村搞了个农业发展规划。我则学会了苹果树剪枝和酸枣嫁接大枣的技术。可老百姓对此并不看重，大家都干活，分配时按人头平均分配。

总之，我参加的两次"四清"工作，在村里都没有看见文件中所说的严重阶级斗争状况。全国情况不好说，我的两次"四清"经历就是一番"瞎折腾"。

1972 年 3 月，段老曾到甘肃定西农村进行了一次调研，目睹了当地农民"衣不蔽体，食不果腹"，处于极端饥寒之中。在那特殊年代，段老冒着可能遭受批判的风险，紧急向时任农林部部长沙风同志写了一封信，详细地反映定西农村缺衣少粮的情况。沙风同志立刻安排工作人员将信件誊抄后呈送给中央有关领导同志。信件引起了当时中央领导同志的高度重视，事件后来的发展比较积极。国家很快安排大批救灾粮食和旧军服救助当地群众。一时间，定西地区流传起这样的歌谣："吃着救济粮，穿着黄军装。"段老至今仍然感慨，"定西是我这辈子见过最苦的地方。"正是有了这次调研经历，段老日后与我国扶贫事业结下了深深的情缘。

第五篇 1972 年写给北京反映定西群众极度饥寒的信

一、为何要去甘肃定西

我这一辈子都是从事农业农村工作，跑了农村很多地方，尤其是贫困地区。如果问我，哪个地方最穷？从我所看到的情况来讲，最穷就是甘肃定西，而且没有之一。当然，这是当时，而不是现在。

关于定西苦，有很多说法。比如，"陇西不见绸"。更为著名的就是，左宗棠说的"定西苦，苦甲天下"。对我而言，之前并没有真切的体验，直到 1972 年 3 月份，我第一次到了定西。

为向读者作个完整交待，还要把时间再倒回一点。

1966 年 5 月 16 日，中共中央发出通知（即五一六通知），十年"文化大革命"正式开始。

在"文化大革命"中，我工作的单位是中国农业科学院农业经济研究所。和其他单位一样，所里的研究工作全部停了。除了参加单位的"文化大革命"以外，我经常骑车从农科院出发，绕行人民大学、清华大学、北京大学等一些高校，去读读大字报；有时间，再找点书报看看。还有就是接待外地来京串联的红卫兵。可以说，那几年基本上没有干一件"正事"。

在前面我多次强调，自从 20 世纪 60 年代初实行"农业十二条"和"农业六十条"之后，我国粮食生产就基本有了保障，大面积饥饿状况就再没有发生。即使在"文化大革命"期间，国家粮食供应也比较稳定。大串联时，单位免费供应红卫兵吃饭。当年农科院食堂是 24 小时提供吃的。主粮是馒头，菜通常是白菜熬肉。不算丰富，可绝对管饱。

1970 年，中央将农业部、农垦部、林业部、水产部、国务院农林办公室和中央农林政治部六个部门合并，成立了农林部。部长是沙风。沙风部长是从部队下来，人是正直敢言。现在想想，如果不是沙部长及时将我的信和材料递上去，恐怕定西的事还不能这么快引起党中央的注意，那里遭受饥寒之苦的大批群众也得不到及时有效救助。这是后话，先不细说。我很敬重沙部长。很不幸，沙部长于 2013 年年底去世了，我去送了他最后一程。

按说 1972 年"文化大革命"进行得如火如荼，这个时间我应该留在单位搞运动。为何派我去定西呢？因为当时宁夏西海固地区发生了一起涉及回族群众的群体性事件。具体什么情况，我也讲不清，总之有这么一件事。除了宁夏外，就是平凉地区和定西地区靠近西海固，那里也有很多回族群众。那边安定不安定？稳定情况怎么样？中央领导同志放心不下，就交待农林部派人去看看。

根据组织安排，我跟着当时商业部一位局长一起去甘肃。局长是位老同志。1972 年 3 月的一天，坐了约三十个小时的火车，我们到了甘肃兰州。跟省里接好头后，这位局长跟我讲，商业部在甘肃有几个基建项目，他有任务，要去看油库，让我自个去定西。我当时就感到，这位老兄不愿意去，担心到地方遇上一些不好的情况，惹祸上身。这个情况，我能懂的。

甘肃省当时有个省革命委员会，时任兰州军区司令员皮定均是革委会主任。革委会下设一个生产指挥部。指挥部安排了一辆吉普车，同时派了甘肃省粮食局一位罗姓同志全程陪同。我当年 32 岁，罗姓同志年龄比我大点，大概四十来岁。我俩每到一个县，县里就派出一辆车用作交通工具和一位粮食局的同志陪同。调研完一个地方后，再将我们送到下一个县，原车与人再返回；下一个县再派出一辆车和一位地方粮食局的同志陪同。就这样一个县接力一个县，我俩跑了一个多月，基本跑遍了定西地区所有的县。

二、令人震惊的苦穷

定西在历史上就以苦著称。除了土壤、气候等客观条件差的原因外，最大的问题就是缺水。除了黄河边上少数一些地方，甘肃大部分地方都很缺水，定西地区缺水情况更加突出。没有水，庄稼就长不活。不像现在，在山顶上挖了窖池可以收集到一些雨水，采用覆膜沟播技术进行节水灌溉。当年定西地区的水利设施极端落后，庄稼全是望天收。如果哪年雨水好，哪年庄稼就有好收成。好在土地多，可以广种薄收。当地有个说法，"收一年吃三年"。遇到连年大旱，可就没有办法了。

这次调研，我们是一家一户看。每到一家，就将这户的情况制表登记：有几口人；有什么家什，细到有几件衣服，几床被子；有什么吃的，几斤面，什么菜，烧什么，等等。

具体哪一天从兰州向定西出发，我已经记不清了。给我第一个印象，一路上都比较荒凉，山上没有树；不时能看到一些衣着破烂的乞讨者。公路两边树一人多高处，皮都被刮掉了。没有皮，树也长不好。山上草也很少。

到农户家看后，我震惊了。这里农民缺吃少穿，极度贫苦。

首先是没饭吃。因为天不下雨，庄稼就没有了收成。调查的农户中，根本没有几户家里有粮食的。当地人就吃箭筈豌豆。这种豌豆产量高，但不能消化。人吃后，拉不出粪便来；牲口吃了也拉不出来。为了挡饿，有些人还偷吃酒糟。我到过陇西酒厂。酒厂用不上什么好粮食，用红薯根酿酒。酒糟臭烘烘的，我尝了一下，恶心得要命，根本不能下咽。可饿极了的农民常常会偷翻过酒厂围墙，跑到酒糟池边，抓起酒糟就往嘴巴里塞。为了活命，很多人还趴火车往新疆跑。当年新疆生产建设兵团缺劳力，去了只要你干活就有饭吃。尽管政府派人去挡，可总也挡不住。

第二是没衣穿。除个别村稍好，普遍不行。我所到的村庄，没有一个小娃儿是穿裤子的。就是十四、五岁男孩女孩，也很少有穿裤子的。我记得去时雪还没化。孩子们干瘦蜡黄的脸都冻得红通通，鼻子下总拖着长长的清涕。绝大多数农户家里连个柜子都没有。怎么装衣服？其实也没有几件衣服。就是拿根绳子一牵，将所有衣服挂上面。

调研期间，为了娃娃不穿裤子的事，我还发过一次脾气。那次我是实在憋不住火了。一次交流中，我给地方同志讲看到的情况。关于娃娃们不穿裤子，有位县里的同志解释说，这是他们地方的习惯。一听我就爆发了。我就讲，你在这里生活这么多年了，为何你没有养成这个习惯。他就说不上来了。

第三是没被子盖。那里人都睡土炕。炕上有的铺席子，有的没席子。席子是用芦苇编成的。大伙普遍缺少被子。有些人家有毡子，破旧得也不成样子，都叠不出形来，放在土炕一头，就像一堆破烂。有一次我们到静宁县一个村，我和老罗一家一家地数，32户人总共只有17条被子。其中还有一家是下放干部，他家条件好，有3条被子。这个数字，我几十年都没有忘记。

第四是没柴烧。这里的家庭普遍没有柴。没有树枝可以砍，就找些草根。当地妇女下地干活，手里都提一个筐，还有一把小弯刀。见到草就连根挖，拿回家做饭。冬天不生火，炕都是凉的。只有在做饭时，才会烧一下火。家家户户灶边都有一个小风箱。烧火时，一手拉风箱，一手将从山上捡来的小草根往灶膛里添。只有在这个时候，炕才会温一下。不过，每天做饭顿数有限，再加柴火不多，这也成为不少农户一家人寒冬中享受温暖的奢侈时光。

要形容如何穷时，有一个说法"一家几口人合穿一条裤子"。很多人都听过类似的故事，大家愿意当成一个笑话。我亲眼见到了。比如，有一户农家就是这种情况。我去他家作调研，一个老头站起来接待，老太太则蹲在那儿不动，我才发现老太太没有裤子。他的儿媳妇嫁过来也没裤子。女儿大概十五六岁，刚定了婚。婆家给了一块布，才有了一条裤子。这条裤子就由她和她嫂子轮流穿。谁出工，谁就穿。他家案板的角都被锯掉了，我问怎么回事。原来有时候没柴火，就把它锯下一点来烧。家里的破芦苇席子被抽得稀稀落落。老头讲，抽来点烟用了。我整个调查下来的260多户，这种情况只看到一家，但贫困却是很普遍。

一家一户登记，人口数，家里有几件衣服，几个人，几床被子，有没有粮食，粮食有多少，有没有柜子、箱子。我把这些情况列在一个表里。

我们一路走一路看，随便看，随机走到哪里就登记到哪里。为了方便使用，我们将所有的表按时间顺序粘了起来。最后粘成了一张很长的表，我叫它"哈达表"。

没有吃的，大伙就出去讨饭。当时去兰州的公路上常常出现一队又一队的讨饭人。一次我和当地人一起，从临洮县城往南，慢慢走了 30 来里地，看一路上会有多少讨饭人。具体数目，我现在记不清了，但是肯定不少。

当年汽车可是相当稀罕之物，普通人肯定是坐不上的。所以老百姓一看有车来，就知道有"领导"来了。一路上，经常碰到老百姓挡我们车。他们不让走，说没吃的。至今我还记得这么一次。那次我们是在通渭县走访。通渭是当地最穷的一个县，到现在仍然还是中国最为贫穷的县之一。车行在路上，突然出现三位汉子挡住我们的车。他们是三兄弟，坚持要求我们到他家看看。我们到他们家里一看，床上躺了一位老人。这是他们的老父亲。老父亲快不行了，临死之前，想喝点米粥。可就是这么一点要求，三个儿子都满足不了。我们给了他家一点粮票。

三、连夜给沙风部长写信

一路看到的情况让我震惊。之前，我对此毫无思想准备。定西的人民群众缺衣少食的情况这么严重，生活得这么苦，以至快要活不下去！

一个月后，我回到了兰州。因为还要赶到陕北办事，为及时将我看到的情况向上级反映，我通宵写了一封信发往北京。我在信中将自己一路调研下来的情况作了梳理。我把信寄给了沙风部长。

没过几天，我就接到要求我留下继续调研的电话。电话中讲，上级领导打招呼了，要赶快处理这件事。你先不要回来。领导说了，那儿为什么那么穷，是不是两条路线斗争没抓好。你的材料光写穷，没有写原因，还要再去看看两条路线斗争的情况。

期间过程，我也是后来听说的。沙风部长看了信后，觉得情况很严重，有必要向中央进行反映。因为紧急，我的字写得潦草，沙风部长让人抄了一下，将"信"转给了李先念、纪登奎和华国锋等领导同志。领导同志立即作出了明确指示。

当时紧急办了两件事：发衣服和发粮食。沙风部长给皮定均司令员打电话，让地方组织衣服和粮食。衣服就把仓库里军用的棉衣、棉大衣和绒衣，不管新的、旧的都清出来，给送过去。我记得第一批 20 多万套，后来又陆续发了好几批。所以当年男女老少都穿军装。刚开始都是黄色的陆军服，满眼都是黄军装。后来为了调剂颜色，又找了一些海军、空军的蓝色军服。同时将组织到的粮食发给他们。大家都能吃了馒头和馍馍。30多年后，工作中我还碰到了几位当年还是小娃娃的定西人，一聊都还能记起发军装的事。

很遗憾，这封信从寄出后，我就没有再见到。当年的"哈达表"也经几次搬家辗转，再也找不着了。

四、毛寨村三天尴尬与烦恼

根据领导的指示，我一个人又下到当地一个叫毛寨的村子，打算住一个礼拜。

村子在山区，范围很大。把整个村子走完，得用上一天。村子穷得很，很多户连门都没有；家里没有被子，睡觉时男人和女人抱着娃娃挤在一堆取暖。

我被安排在村里会计家住。会计家有两个炕，专门让出一个炕给我。我去的时候，公社给我带上了一些面。会计的老婆每天都给我煮碗面条。

由于我去毛寨村时，救助的衣粮还没有下来，所以农户家还是极其缺衣少粮。这使我遇到了两个大麻烦。

第一个麻烦很难办。会计老婆当年二十五六岁，破烂的衣服根本遮不住羞，我就感觉很别扭。

遇到的第二个问题，也不能说是麻烦，可总吃不上饭。按理讲，我有公社给的面，不至于没有吃的。会计家有两个娃娃，面条刚一端上，两个娃娃就凑过来。他们眼巴巴看着，我就大的喂一口，小的喂一口。有时村里其他的娃娃也来。一碗面，我吃不上几口。第一天是这样，第二天是这样，第三天还是这样。住了三天，我基本没吃什么东西，整个人的状态相当差了。公社人来看我，就讲，"段同志，算了吧，您回去吧。"带着遗憾，我离开了毛寨村。

五、我分析的三个原因

其实，哪有什么阶级斗争的问题，哪是什么两条路线斗争没抓好。现在回过头来看，那里为什么这么穷？群众的生活为什么这么差？我想有三个原因。

首先是自然条件不行。旱，十年九旱。关于旱，当地有一个情况值得一说。牛见到汽车会追着跑。原来当年为解决一些群众的喝水问题，部队会用汽车送水。久而久之，牛也知道了，来车就有水喝了。为解决缺水问题，1958年"大跃进"时，甘肃曾想启动引洮工程，把洮河水引过去，可没干成。

二是"文化大革命"原因。"文化大革命"之前，大伙还可以搞点副业，挣些钱搞点贴补。"文化大革命"批资本主义，把这些就批掉了。但我觉得主要原因还是缺水。

三是当时定西地区革委会领导的指导思想有问题。他们不让把这些情况向上面反映。

我第一次调查完后，回到定西地区。当地组织二三十个人听我们汇报。这些人主要包括革委会成员和各个局的头。

会议一开始，主持会议的领导就大讲如何看待定西地区的形势。他定了基调，在无产阶级"文化大革命"下，定西地区形势越来越好。可实际情况是，群众都要饿死了。我根本不管他怎么讲，如实地将看到的情况进行了汇报，一下讲了两个钟头。当时，大伙听完后，会场是一片寂静，没有敢说话的。之前地方干部都不敢陪我，主要还怕陪我看到这些情况后，可能会挨整。最后我讲，还是要跟省里反映这个情况，衣服、粮食要赶快请求救济。我讲完后，这位主持人很不满意，又发表一通讲话。主题还是关于如何看待定西形势。大致意思是，我们有困难，是自然灾害造成的。国家也有困难，我们不能给国家添包袱。他们的问题自己解决，要自力更生。

我还听说，之前省里就有人知道这些情况，主动要给他们提供救济，但被他拒绝了。

其实，从当时我们国家能力来讲，完全可以组织出救济的粮食和衣服，定西老百姓的生活根本不至于差到这个境地。我们气愤的是，当时不能说社会阴暗面，因为标准说法是"形势是一片大好"。所以，回到北京之后，就有位同事说我："你真胆大，说不定就把你弄栽了。"

后来我又去过定西多次。每次去，都能看到新变化。这主要归功于改革开放，做了几件大事。一是引洮工程、引黄工程，解决了水的问题。二是生产方式改革了。比如采用了覆膜保水技术等。三是产业结构调整了。包括引种适合当地土壤、气候的土豆、玉米等作物。现在定西的马铃薯产业全国有名。

定西是我看过最穷的地方，我们国家扶贫事业就是从这开始的。20世纪80年代初，国家就拿出两个亿，组成专门班子，帮助宁夏的西海固地区和甘肃的定西地区（简称"两西"）脱贫，后来又扩大到河西走廊，简称"三西"。正是在这个基础之上，1986年5月国务院成立了专门议事协调机构——贫困地区经济开发领导小组，1993年12月改名为国务院扶贫开发领导小组。从那以后，中国扶贫开发事业步入健康稳定的发展轨道。

可能因为那次定西之行的缘故，我与国家扶贫事业结下了深深情缘。2003年5月，我担任了国务院西部地区开发领导小组办公室副主任；2006年，我到了中国扶贫基金会。期间，我一直十分关注定西的扶贫开发事业。最近一次去定西，是在2006年。去后一看，原来的状况一点影子都没了。山青了，房子整齐了，人精神了。总之，真的是换了人间。

1970 年 8 月 25 日—10 月 5 日，国务院召开了北方地区农业会议。这也是第一次全国性的农业学大寨会议。当年在"文化大革命"运动热火朝天进行之时，为何还要如此劳师动众地召开这个会议？一个重要原因是，受"文化大革命""左"的影响，1967－1969 年农业生产连续三年下滑。国务院为及时扭转被动不利局面，将农业生产抓上去，决定召开这个会议。

这次会议有点特别。说是北方缺粮的地区来代表，可不缺粮的也来；说是北方地区的会议，可全国都来代表；说是开大会，可期间只有一位领导讲了话；明明是抓全国农业生产的，可主题又是学大寨；明明要重申和坚持一些政策，可文件还要先批判一下。会议总体开得还算成功，最终形成了《国务院关于北方地区农业会议的报告（草稿）》。报告纠正了一些"文化大革命"中"左"的政策，并提出要大搞农田水利建设。毛泽东同志审阅后批示"照发"。由此，全国迅速兴起了一波大搞农田水利建设的高潮。

段老作为工作人员参与会议筹备工作。期间，段老随报道组到山西省昔阳县调研一个月。后来，他是会议简报组一员，全程参了会。他码铅字、搞校对，收发简报，经常往返奔波于会场与印厂之间。整个过程很辛苦，但也很有意思。有些事出乎段老意外。比如，人民日报最终登出来的，不是段老他们一行人在昔阳写出的稿子；原稿中的先进典型张老太，最后成了"民主派"反面典型。有些事有点不可理解。比如，坚持允许农民有一些自留地政策，为何会议又猛烈批判"三自一包"等政策。期间，还又发生了几段有趣的小插曲。

第六篇　1970 年北方地区农业会议[①]

一、大寨原来是这样成为全国典型的

应该是 1964 年 8 月份吧，毛主席发出"农业学大寨"号召后，大寨就成了我们国家农业战线的一面旗帜，"农业学大寨"实际上就成了农业和农村工作的一个总口号。可以那么说吧，从 20 世纪 60 年代后半期到十

---

① 原题是"1970 年北方地区农业会议有点特别"，发表在《农村工作通讯》2014 年第 17 期。

一届三中全会召开，期间十五六年时间，我们国家农业农村工作都是在"农业学大寨"总口号引领下展开的。

农业学大寨，在我看来有三次很重要的全国性会议。第一次是1970年8月25日—10月5日的北方地区农业会议；第二次是1975年9月15日—10月19日第一次全国农业学大寨会议；第三次是1976年12月10日—27日第二次全国农业学大寨会议。这次就讲讲北方地区农业会议。会议名称虽然叫北方地区农业会议，参加的人来自全国，而且也是围绕农业学大寨的主题进行，所以很多人都认为这就是"第一次"全国农业学大寨会议。

大寨之所以能成为全国农业农村战线的一个典型、一面旗帜，有大寨人艰苦奋斗、自身努力的原因，也有当年社会政治形势发展所需的原因。历史的条件决定了历史的存在。

1970年的4月底、5月初，中央将农业部、农垦部、林业部、水产部、国务院农林办公室和中央农林政治部六个部门合并，成立了农林部，部长是沙风。农林部成立时，我记得总共有210个编制。六个部门合在一块儿，六个部门的事就得这么些人干，大伙每天都是忙得透不过气。后来国家计委木材分配小组9个人也被划了过来。这样农林部就有219个编制。我当年在办公厅写作组。1972年改成政策研究室。

农林部成立后的第一件事情就是筹备北方地区农业会议。开始并没有明确这么叫，就是说要开一个农业会议。这是国务院业务组布置的任务。国务院业务组成立于1967年初。"文化大革命"开始后，国务院机关所有办事机构都被撤销，相关业务工作处于瘫痪状态，国家经济建设因此受到极大影响。在周恩来总理的直接主持下，经毛主席批准，当时几位尚能工作的领导同志组成了"国务院业务组"。当年，李先念、纪登奎、华国锋、余秋里、陈永贵都是业务组成员。

会议筹备工作分为两摊：一摊是属于搞会务；另一摊是搞文件，就是准备会议的文件和材料。因为我们人太少，又从当时的干校临时抽了一批人来。干校的人主要是搞政策调查，就是到农村调查情况。

筹备期间我就参加了一件事，到大寨所在昔阳县作调查，前前后后就一个半月左右。当年从北京同去的有人民日报社的一位林姓老同志和一位比我还年轻的青年记者，三个人。这次去是要去写个长篇通讯，全面介绍昔阳县学大寨的情况。地方也派出了两位同志。一位是县革委会办公室主任，姓白，叫什么名字当时没问，都叫他老白；还有一位是新华社山西分社的记者，姓范。我当年纯粹就是掺和一下，用现在的流行话，我是去"打打酱油"。老林早年在太行山就办报，那个报就是人民日报的前身，写通讯主要靠他。

讲大寨的事，给我讲得最多的除了陈永贵以外，就是那位范姓记者。据他讲，一直都是他在写相关大寨的报道。在跟他们聊的过程中，我知道了"农业学大寨"是怎么回事，怎么出来的。

情况大概是这样。大寨是山西省昔阳县的一个很小的村子，全村只有八十多户人。大寨 20 世纪 50 年代后期在县里面就算个先进村。村里带头人陈永贵作为先进村代表还出席过省里表彰先进集体之类的会议。一次在省里开的全省农业先进单位的会上，陈永贵讲了一通大寨，引起了山西省委的重视。大寨顺理成章地成为了山西省的一个农业典型。

要说，山西省真是个出典型的地方。什么"小麦十杆旗"，什么"棉花八大仙"，都出在山西。当年大家开玩笑说，山西出经验不出粮食。树立典型，就得总结经验。据说，当时山西省一班人马用了七天时间就整理出一份大寨的先进经验，满满三张纸。

不过，大寨也确实是个农业战线的先进典型。1963 年发了一场大水，村里农田毁损严重。尽管受灾了，但大寨大队党支部提出来一个"三不要，三不少"的口号。"三不要"就是：不要国家的贷款，不要国家的救济款，不要国家的救济粮；"三不少"就是：向国家缴的公粮不少，供给社员口粮不少，集体的库存粮不少。这在当年非常出名。一下就给省里面发现并抓住，说这条经验好。当年我们国家正是刚刚走出三年困难时期，正是需要这样一个自力更生艰苦奋斗的典型。所以 1964 年 2 月份，当时的农业部开农业工作座谈会时，专门请了大寨的同志来参加。会上，大寨把这个"三不要，三不少"也讲了一通。就在会议期间，人民日报发表了当年很有名的长篇通讯，叫《大寨之路》（1964 年 2 月 10 日，作者莎荫、范银怀）。范记者说，那篇通讯就是他写的，主要是介绍大寨在大灾面前怎么抗灾，坚持"三不要，三不少"。

人民日报一登，引起了中央领导的重视。因为正处于恢复期，那个时代正需要这种艰苦奋斗的典型，激励鼓舞大家。周总理就派时任农业部部长廖鲁言到大寨调查一下，看看报纸上写的是不是真的。五、六月份，廖鲁言部长带队去调查一番。他们在村里头住，在农民家吃。调查得很细，一点一点地跟老农民去对证。回来他们写了一份报告，呈送给周总理。报告肯定了大寨经验。大概当年 8 月份，毛主席发出"农业学大寨"的号召。完整说法是"工业学大庆，农业学大寨"。到 12 月份，召开了全国人民代表大会（第三届全国人民代表大会第一次会议，1964年 12 月 21 日－1965 年 1 月 4 日在北京人民大会堂举行），那次会议主要议题是换届。周总理在作政府工作报告时就提出"学习解放军、大庆、大寨的彻底革命的精神和工作作风"。那个报告主要讲的三件事，"大庆"，"大寨"，"原子弹"。1964 年 10 月我们国家成功地爆炸了第一颗原子弹。就是用大庆大寨原子弹来振奋精神，鼓励大家克服困难。就这样全国就开始学大寨了。

二、被修改了的报道："从大寨到昔阳"

不久后，我们国家就开始了"文化大革命"运动。搞运动，农村与城市不一样。城里闹革命，工厂都被"搞"停产了。农村生产虽然一直没停，但运动对农村的影响也很大，特别是批判资本主义、修正主义道路，整乱了农村的政策。我之前也讲过，三年困难时期后，1962 年开始贯彻了"农业六十条"，其中有很多政策都是很好的。但在大批判中就被批了，比如批"三自一包，四大自由"；批"三股风"，黑暗风，单干风，翻案风；后来批的还有个"倒退风"。直接后果是，从 1966 年到 1969 年，这三年农业是连续下滑的。用余秋里同志的一句话说，再不抓农业就没有饭吃了。

农业再不抓下去就没有饭吃了。1970 年农林部成立之后，国务院指示要好好抓一下农业。当时定的基调就是要抓生产，抓的版本就是学大寨。

开这个会，就是要抓一下农业。抓农业，怎么抓呢？就是学大寨，会议自然就围绕它来筹备了。

据我所知，相关会议文件直到召开前也没整出来。尽管我没有参加文件准备组工作，而且到现在我也不清楚是哪些人在准备文件。按现在开会的惯例，这有点特别。但经过筹备，到 1970 年 8 月 25 日，北方地区农业会议就召开了。

筹备期间，我跟老林等一道去搞了这次调研。通过这次调研，我一是了解了农业学大寨的来历，二是看到了昔阳县的变化。当年大寨确实搞得很好，生产方面真是一个值得学习的艰苦奋斗典型。更加可喜的是，昔阳把大寨的经验在全县进行推广。所以那几年的昔阳县到处是农民热火朝天地搞农田基本建设，修大寨田。当地涌现出不少学习大寨的先进村、生产队。老实讲，这些生产队也的确干得好。我去过几个。比如说一个叫南垴的村子，在很干旱的山里修梯田，把产量提上去了。那个村的支部书记后来还当上了昔阳县旁边一个县的县委书记。

在那里一个多月，最后我们整出了一篇通讯。当然主要是老林的"作品"。

不过，正式登出来的那篇通讯与我们在那整出的通讯完全不一样。这一点，我比较确定。通讯正式见报是在开北方地区农业会议召开期间，在我印象中好像叫《从大寨到昔阳》。具体稿子是谁来改、怎么改的，我不知道。

我记得，我们在昔阳整出的稿子在讲大寨经验时，就围绕周总理的几句话。周总理那几句话，是在人代会议上总结的，"大寨大队所坚持的无产阶级政治挂帅、毛泽东思想领先的原则，自力更生、艰苦奋斗的精神，爱国家、爱集体的共产主义风格"。大家都知道。修改的原因是，正式开会之前，国务院一位领导去了趟昔阳，去了趟大寨。他认为昔阳之所以能把大寨经验推到全县，就是因为昔阳阶级斗争抓得好，整顿了农村基层班子里的"五种人"。修改后的通讯，就贯彻了这个精神。

更为最奇怪的是，一个我们先前写的先进典型成了报纸上的反面代表。当地有个叫刀把口的村，名字有点特别。现在 80、90、00 后基本就不知道了，但那个时候刀把口的名头也是很响亮的。刀把口有一位老支部书记，是太行山区的一面旗帜，一个老典型。我们在昔阳调研时，陈永贵特别交代我们要多多了解一下刀把口的张老太，说他是个好典型，要好好写写他。可是最终发出的通讯里，张老太成了一个"民主派"反面典型。因为"五种人"都要找出代表，他就给弄成了民主派的代表。我就想，刀把口的这位老支部书记这下不就吃大亏了。很多人去昔阳参观时，也都要去一下刀把口。这下去刀把口不是看先进，倒看"民主派"了。你说，这事跟谁说理去？

三、会议有点特别

这次会议处处都显得比较特别。

1970年8月25日正式开会，叫北方地区农业会议。说是北方地区，也不是整个北方地区。说是让北方地区14个缺粮省的省地县干部都来开会。黑龙江和吉林又是不缺粮的。同时，其他各个省份也派了代表。实际上也能算是个全国的会。代表大概有1300人。

整个会议持续时间很长，总共41天。会议为什么那么长呢？除了当年开会本身会长一些外，会议期间还穿插了一个庐山会议（九届二中全会）。开会期间，这边会议领导又到庐山去开会。庐山会议主要是批陈伯达。领导们回来之后没有传达那个情况，但我能感到，整个会议气氛有了明显变化。

会议分三个阶段：第一阶段是到昔阳参观，学习昔阳县推广大寨的经验；第二个阶段就是搞大批判；第三阶段讨论文件。期间有些中央领导还要到庐山参加九届二中全会。

会议开始是全体代表到昔阳县去参观。那时候就开专列火车，开到阳泉后用汽车把代表运到昔阳。在昔阳参观几天后再这样回来。

会在哪开呢？就在北京北三环边上的友谊宾馆。友谊宾馆当时是乱糟糟的。因为人都下放了，没有工作服务人员，只得临时召集人回来，开始临时抽调回来的人工作也很不正规，服务很糟。我记得那个时候是每天八毛钱的伙食费，吃得比较差。大家并不计较这些。

关于吃饭，还发生了一段小插曲。有天晚上开会开到了后半夜，几位领导同志睡不着。纪登奎副总理和北京军区一位领导就说要喝酒，他们找来了两瓶二锅头。喝酒总得有点菜。可一到厨房，门被锁着。加急叫来宾馆一位负责人，来人也打不开。那时候宾馆职工家里也没电话，折腾好一阵，才把厨房的人找到，可是酒已经喝完了。那晚，我看见他们俩你一口我一口，一边聊天一边喝酒，把那两瓶酒喝下去了。从那以后，宾馆晚上就有人留守值班，还提供夜宵了。像我们负责会务工作每天都忙到很晚，到时宾馆就给我们一人煮上一碗面条。

最热闹的就是大批判那个阶段。搞大批判，就与当年各个单位举办的批判会一样。那个时候就是批走资本主义路线那一套，什么"四大自由"，"三自一包"，还有"砍合作社"、"物质刺激"、"工分挂帅"等等。代表里有几位铁姑娘，山东的、辽宁的都有。铁姑娘们会上很活跃，也敢讲。有时争论就成了激烈的对战。

我在会议简报组，组长是项南同志，组里还有一位同志叫吴尚仁。会议期间，每天要做好几份简报。那时出简报不像现在用电脑打，都是手写。写后再改，改后拿到印刷厂去排版印刷。我年纪小，写简报没有份，主要打下手活，什么码铅字版、盯版、校对、送递简报。也是忙得很，有时好几天都睡不成觉。从印刷厂到宾馆还有段距离，当年车子不多，不像现在这么方便，有时候没有办法就骑自行车。正式出一份简报，我往往需要在印刷厂与宾馆之间往返几次。拿回来这个改，那个改，改了我又要送回去重新出，再校对一次。那种累，可真是累。

会开了41天，代表主要是相互交流，中间只有一次领导讲话，就是陈永贵作了一个关于大寨的报告，此外没有其他任何领导来讲话。这个情况也不寻常。

最后会议结束的时候，周总理来讲了个话。主要内容是关于国际国内的形势。

四、主题是农业学大寨

会议的主题是学大寨。后来发出会议文件的第二部分就是农业学大寨。

当时的基调是要解决两个问题。一是学什么，二是怎么推开。

学什么就强调要学根本，就是以阶级斗争为纲，坚持毛主席的革命路线，坚持自力更生，实际上也就是周总理讲的关于"政治挂帅"那几句话。同时提出不要去学那些皮毛东西，"至于大寨在经营管理、生产技术方面的一些具体办法，那是第二位的东西，决不能不顾自己的条件，照抄照搬"。比如大寨工分。反过来说，就是批评大寨工分。

那么怎么来把这些推到全县,全面推开呢?根据昔阳县的经验,关键就是要整顿社、队的领导班子。具体讲就是要清理五类人。第一类人是打进来的。他们本来就是个坏人、反革命分子,钻进班子来了。第二类是被拉出去的。本来是贫下中农,但是跟地主富农勾结了,被拉出去了。第三类人是坚持走资本主义道路的。这些人就是搞资本主义,所谓搞资本主义就是搞四大自由。第四类是分不清资本主义道路和社会主义道路的,也就是觉悟不高的那类人。第五类就是所谓的民主派。他们过去是革命的,在民主主义革命时期是革命的,但社会主义阶段来了,思想还停留在民主革命阶段,还搞民主革命那一套,过不了社会主义这一关。刚才刀把口的张老太比较开明一点,就属于这类。为了要凑这五类人,显现阴暗面给人家看,张老太最终被定成民主派,成了反面典型了。

会议最明确就是这么两条。怎么推开?就是要整顿社、队领导班子。用今天的话讲,就是要解决这五类人的问题。那会议以后啊,到处都找这五类人,打击这五类人。估计冤枉的不少。

五、落实相关农业政策的"冲突"

会议的文件分五个部分:第一部分是讲形势;第二部分是讲农业学大寨,就是建设大寨先进县;第三部分是讲政策;第四部分是讲规划和生产措施;第五部分是讲加强领导。

政策部分也是这次会议讨论的一个重点。关于政策部分,主要是落实五个方面的政策。因为分歧太大,争议很多,会议文件关于政策部分内容推进得很艰难,时间也拖得最长。

国务院召开那次会议,主要目的之一就是要强调继续贯彻"农业六十条",要重新坚持在"文化大革命"中被批判的、搞掉的一些正确的政策。那个文件写出来时,大家都不满意,因为你要坚持的同时又要大批它。

当时政策问题主要是五个方面。我印象很深。一是关于自留地问题。不准搞家庭副业,因为这是走资本主义道路,有资本主义倾向,要批判它。批"三自一包,四大自由",自留地就搞没了,家庭养猪也不准。现在文件又要讲落实这些政策。二是关于分配上的平均主义。当时说法是

"一心为革命种田"，批物质刺激、工分挂帅，就把农村定额管理、评工记分那套给搞掉了，分配上就形成了平均主义。这是要纠正的。三是关于高积累。当时批判"分光吃尽"不留积累，但事实上那时集体根本没有什么东西。另外生产力水平低，所以即使能形成一点也会被分光吃尽。一批分光吃尽就搞了一个高积累，结果弄得老百姓生活水平大为下降，怨声载道。这也要改。四是关于搞平调。当时讲要发扬共产主义风格，村里劳动力和东西，县政府和公社随便无偿地调来调去。文件要纠正这种"一平二调"。五是关于自由种植。"文化大革命"大力批判自由种植，说这是资本主义，因为社会主义必须有计划。实际上就把多种经营给整没了，经济作物给搞掉了。这也是需要纠正的。

当年国务院业务小组包括新成立的农林部领导的想法，就是要纠正这些在大批判中造成的问题。可难点在哪呢？又要批判这个东西，又要坚持这个东西。听起来还是让人有点匪夷所思。会上吵得一塌糊涂，大家都不满意，认为文件怎么写都写不好。

比如说批"三自一包，四大自由"，批单干风，文件又要强调说还要落实自留地的政策，还要落实社员可以搞家庭副业的政策。这就矛盾了。文件上一段批判的是它，讲政策时候又反过来了。

比如说"工分挂帅"，是"文化大革命"中被猛批的。搞大寨工分，强调为革命种田。大寨工分开始死分活评，后来就自报公议，就这么说根本就不评，因此被称为"大概工分"。强调要实行按劳分配，反对平均主义，又要批"工分挂帅"。这两个根本说不到一块。真够难的。

比如说"分光吃尽"。一方面狠批分光吃尽，不留集体，另一方面又说不要积累过多。这个文件很不好写。

比如说"自由种植"。生产队很多经济作物没有了，没有经济作物也就没有收入，人就没钱了。文件又要批判自由种植，又要落实生产队还可以因地制宜搞点别的。这点也很矛盾。

还有刚才说的"发扬风格"的问题。发扬共产主义风格，就得讲奉献。可生产队是基本核算单位，一般都几百人，这么多人要生活，调用它们的劳力、资金又不行。

为说明为什么要坚持一些政策的时候，文件组曾找了、编了一些理由。其中有一个理由就是找到了毛主席谈"新民主主义"的一段话。意思是说，我们现在是搞新民主主义，还不能实行社会主义的政策，不同的阶段要有不同的政策。根据这个理论，我们现在还要坚持农业六十条。但大伙觉得这也不算数，因为当时已经是社会主义了。没有办法，结果只能放弃。

总之这个文件非常难写。即使勉强写出来，两边的人（主张批判，主张支持）都不满意。

当时会上很多人私下议论，说这次会议看来有问题。特别是那些年轻人、铁姑娘们说开了，"领导这个会的人都是走资派"。

六、巧妙的"既要又要"

最后采取了一个非常巧妙的方法总算把会议文件给通过了。就是采用了"既要又要"的写法。比如，既要肃清"三自一包，四大自由"的流毒，但在保证集体经济的发展和占绝对优势的条件下，社员可以经营少量的自留地和家庭副业。要坚决肃清"物质刺激"、"工分挂帅"的余毒，又要坚持"按劳分配"的原则，反对平均主义。既要批判"分光吃尽"的错误倾向，也不要一下子积累过多，影响社员的当年收入。在服从国家统一计划的前提下，要允许生产队因地制宜种植的灵活性。要提倡社会主义协作，逐步发展公社、大队经济，但切不可重犯穷富拉平的"一平二调"错误。不要因为动员农民支援国家建设，就过多地从生产队抽调劳动力，影响生产队的生产和建设。

这个办法是梁步庭同志想出来的。梁步庭是一位老干部，好像当时是中央农办（农工部）的副主任。我们开会时，他正在湖北沙洋五七干校劳动呢。因为文件久写不成，纪登奎就提议，让梁步庭来。

于是我们赶紧打电话，要他立刻来。那年，梁步庭回来时很风光，乘飞机。不过会议一完，他背起行囊自个儿坐火车回五七干校去了。此人后来当了青海省委书记。

期间，简报组长项南同志也写出了一个文件。老实讲，那文件写得好，特别是落实那几项政策方面，比较符合农村实际。给我们看，大家觉得好，但都劝他，"这个你可别交啊。交上去，会出麻烦的事，肯定要挨批。"那份文件最终没送上去。

七、毛主席批示文件"照发"

费了九牛二虎之力，文件在会上总算通过了。可等了很长一段时间也没发下来，只好宣布先带回去试行。当时"四人帮"中搞宣传的人对这份文件很不满意。后来毛主席批了"照发"，他们才没办法阻止。

1970年12月21日，会议结束70多天后，文件终于发了出来。

期间《人民日报》登的那篇通讯里，有当时非常流行一句话。意思是说，"同是一个天，同是一个地，同是一个太阳照，同是共产党领导，大寨昔阳做得到，我们为什么做不到？一年不行，两年不行，三年行不行？四年五年总可以了吧。"这段话是大有来头。出处是毛主席在一九五几年农业合作化高潮中为一篇文章写的按语。这篇文章的内容是介绍河南省长葛县委书记搞深翻的事。毛主席批示的大致意思是：它那儿做得到，其他地方为什么做不到？一年不行两年不行，三年行不行呢？四年五年总可以了吧。起草会议文件时，就套用了这段话。

从这次会前前后后看，我觉得总体上应该肯定。

这是在"文化大革命"后第一次抓生产、抓业务的会，而且是以国务院名义开的。那个时代，都是抓革命，不敢抓生产，只能说"促生产"。

会议肯定强调了"农业六十条"，也就是重申要坚持《农村人民公社工作条例》。

特别是毛主席批示"照发"以后，下面就理直气壮地落实这些政策，把那些违反政策的做法纠正过来。

会议后，在全国也掀起了"农业学大寨"的高潮。

最大的成就体现在农田基本建设方面，全国到处人山人海地兴修水利，修了很多梯田。需要承认的是，会议毕竟是在"文化大革命"大背景下举行的，一些事总觉得跟那个时代大方向不一致，相关政策落实很不硬气。

真正落实政策是在转年出了"林彪事件"之后。那时主要批林彪"形左实右"。林彪和他的同党天天批那个，批这个，把实行这些政策说成是"右"，是走资本主义道路。这会他们是"右"，是"形左实右"，成了他们是要扶持资本主义。这样就有一个充分的理由，这会就说不落实政策也是要扶持资本主义。有了这个帽子，气正了，理顺了，抓政策落实就容易了。

1970 年，北方地区农业会议召开，会议提出了一些有利于农业生产的政策措施，但受客观环境所限，落实得很不硬气。随着"文化大革命"运动愈演愈烈，全国经济走到崩溃边缘。1973 年邓小平同志重新恢复在国务院的工作。特别是 1975 年后，邓小平实际主持国务院工作，在毛泽东、周恩来的支持下，大张旗鼓地对全国各方面的工作进行整顿。在全面整顿的大背景下，经过两、三年的酝酿准备，1975 年召开了"全国农业学大寨会议"。会议基调是整顿农业，促进生产。较北方地区农业会议，这次会议提出的已不再是纯粹"学大寨"了，而是"建设大寨县"；会议还具体提出了"大办农业"的五方面措施，这也是少见的。世事难料，1976 年 4 月 5 日"天安门事件"发生之后，邓小平同志再次被"打"了下去，会议精神的落实由此打住。

段老全程参加了此次会议。筹备期间，他参与了起草会议文件的讨论，重点负责会议典型材料的准备工作。当年 9 月 15 日，他参加了在昔阳县召开的现场大会，亲眼见到邓小平恢复在国务院工作后第一次出现在全国性会议现场的风采，也耳闻目睹了江青等人在台上的"表演"。

第七篇　1975 年全国农业学大寨会议[①]

一、筹备会议分四摊

第二个全国性农业学大寨会议是在 1975 年召开的，正式全称是"第一次全国农业学大寨会议"。我在上面就已经讲明了，1970 年北方地区农业会议的主题也是学大寨，所以这应该算是第二次全国性农业学大寨会议。

为什么在那时候开这个会呢？经过几年"文化大革命"运动，整个国民经济状况已经被折腾得很差，已到了不抓不行的地步。关键时候邓小平同志复出（1973 年恢复副总理职务）主持中央工作，重点抓整顿，

[①] 原题是"1975 年全国农业学大寨会议盛大却难言成功"，发表在《农村工作通讯》2014 年第 19 期。

所谓"整顿为纲"。关于农业方面，也要整顿，就决定召开一次学大寨会议。

会议从 1975 年 9 月 15 号一直开到 10 月 19 号。

筹备工作启动得比较早，在我印象中应该 1973 年就开始了。主要的负责同志有纪登奎、华国锋、陈永贵、李先念、余秋里等几位领导同志，国务院业务组其他成员也参加了。老实讲，大家都意识到不抓真不行了。如果还是那么任由其继续乱下去，后果不堪设想。同时，大家也都觉得这次会议是一个抓业务的机会。

具体筹备工作由农林部负责。自从有了这个任务，我们农林部几乎被全部动员了起来。

会议准备主要分四摊。第一摊是政策方面。那时农林部的人手已经增加了。农林部的谢华、裴润、刘堪等负责这块。裴润和刘堪两位前辈都不在了。唯一健在的是谢华，现在也快一百了。

第二摊是生产方面。由当时的农业组组长郑重同志负责。后来他还当过农业部副部长，国务院农村经济研究中心副主任。

第三摊是文件方面。主要是起草会议文件和领导讲话稿。

第四摊是会议资料。就是准备在大会上关于地方典型经验的发言。会上要介绍推广哪个省的经验，就要求那个省报上典型材料来。然后将那些资料修改后返回。这样来来回回修改多次。最后经相关领导审阅后才能正式在会上印发。

当年我除了参加文件起草的讨论外，主要整理供大会交流的典型材料。我记得先是在前门饭店，后来又住在民族饭店。整理各地的典型材料，有好几十份。

会议文件经过多次修改，我记得至少有一稿、二稿和三稿的。这次会议很明确就是要讨论两大问题：一个是怎么建设大寨县。"大寨县"的叫法也是经过改来改去才最终定下的。刚开始叫"大寨式县"，后来叫"大寨县"，再后来又改成"学大寨先进县"。最后就是用"大寨县"。这次会议明确提出来要建设大寨县。另一个是要研究农业机械化。因为 1971 年召开了一个全国农业机械化会议，提出了 1980 年基本实现机械化。这是毛主席提出的任务。怎么实现？会议顺便讨论一下这个问题。重点还是讨论怎么建设大寨县。

筹备期间，很多同志被派下去调研。

写领导讲话稿，起草文件，准备典型材料，就这样一直忙乎到 1975 年 9 月中旬，会议准备工作基本完成。

二、基调是"整顿"

会议是 1975 年 9 月 15 日正式召开的。以召开地点可以划分为两阶段。第一阶段是在昔阳大寨开。期间还参观了大寨和昔阳的建设成就。第二个阶段是在北京开。在北京开会，前半段是各地典型发言，介绍经验；后半段是讨论文件，同时各地制订规划。

会议规模很大。会议代表除各省的领导同志外，各地的地委书记和县委书记也来了。此外，还有少数民族的代表，上山下乡知识青年的代表和部队的代表。总共约有 3 800 人（有资料讲是 3 700 多人）。

一个农业大会，把全国的县委书记都请来，这是很不寻常的。这是因为"县"在中国行政构架上地位很特殊。旧社会，"皇权止于县政"。新中国成立后，尽管建立了乡一级的人民公社，但总体上仍然是以县为基本治理单位。1966 年开始的"文化大革命"运动对农业生产造成巨大影响，不少领导同志觉得需要纠正一些过"左"的做法。之所以把规模定得这么广，当时的领导同志很希望抓住这个机会纠正一些做法，尽可能大规模地将农业整顿好。

尤其是邓小平同志恢复国务院副总理主持工作后抓全面整顿工作，想趁着这个开会机会好好整顿一下农业，将农业生产搞上去。小平同志也是利用这个背景。没有这个背景，抓农业整顿哪有这个份啊？会议就是围绕这个基调展开的。

三、聆听邓小平同志重要讲话

1975 年 9 月 15 日的开幕式，是在昔阳县一个半露天的大厂房里举行的，几千名会议代表，每人发一个帆布做的马扎，坐着听领导讲话。马扎上印有"全国农业学大寨会议"字样。散会时，许多代表都把马扎带走，作为纪念。我也带了一个回来，可惜几次搬家也弄丢了，保留到现在也算一件"文物"了！

陈永贵同志简短地致完开幕词之后，就请邓小平同志讲话。"文化大革命"一开始，邓小平就被下放，1973年恢复工作后很少在大型的公开场合露面，这是他第一次在全国性场合讲话。一听到邓小平副总理要讲话，大伙十分兴奋，全场掌声雷动，久久不息。主席台上的邓小平同志几次招手示意，掌声反而更加热烈。这反映了当时全国人民热切期盼有人出来"拨乱反正"。也看得出，参会的许多人同我一样，都是第一次听小平同志讲话，并且都对他有一种特殊的尊重和期待。因此，掌声特别地热烈，而一旦小平同志张口讲话，整个会场又特别地安静，大家都埋头记笔记。

小平同志的讲话，事先没有准备正式的稿子，但条理很清楚，语言也很生动。归纳起来讲了三个问题：形势、大寨和领导。

关于形势，小平同志没有像当时一般地那样，长篇大论讲形势一片大好，而是简单说了八个字："形势大好，形势逼人"。至今我脑中还能准确地"响起"小平同志用他家乡话讲出的这八个字。然后他说，这个话讲过多次了，今天不讲。接着他就从实现四个现代化的高度，讲农业的重要性和这次会议的重要性。他说，实现四个现代化，照我个人的看法，关键是农业现代化，农业、工业、国防和科学技术这四个现代化，最费劲的是农业现代化。本世纪末达到四个现代化目标，必须认真注意这个问题。不管工业发展得怎么快，要有农业这个基础的发展。如果农业搞得不好，就可能农业拉了我们国家建设的后腿。这次会议讨论的问题，虽然不像1962年的"七千人大会"那样全面，但就实现四个现代化目标来说，这次会议的重要性仅次于那次会议，或相当于那次会议。

关于大寨，小平同志提出了真学大寨和假学大寨的问题，对大家震动很大。他说，现在跑大寨的人不晓得有多少万啰，是跑来看风景、游山玩水，还是真正来取点经？所以，有个真学、假学、半真半假学的问题。我希望三千多代表都要真学。当时，全国各地的人都往大寨参观，村一级支书基本都去过了。小平同志这番话，很有针对性。后来会议的讨论中，会议的文件中，都强调要真学，不能半真半假学，更不能假学。许多代表还就怎样才是"真学"讲了具体的体会。

关于领导，小平同志特别强调了县一级领导班子的重要性。他说，学好大寨，搞好农业，关键在领导。领导第一是省委，然后是地委、县委，特别要注意县委。县委相当于军队的团，又是领导机关，又是执行机关。有一个好的县委班子，就可以带动公社，带动大队。县委要注意配备好一、二把手，真正能够领导起来，苦干、实干、带头干。不注意这个问题，空喊口号，天天喊学大寨，也没有希望。

需要说明的是，小平同志这个讲话内容很丰富，我手头又没有文字依据，以上这些，都是凭记忆讲的，不全是原话，只是个大概意思。我希望有人找出讲话记录，认真研究，因为我觉得许多内容对现在仍有指导意义。

小平同志会上展现出的气魄和风采让我记忆深刻。1978年之后，邓小平再次出山，收拾残局，扭转乾坤，成为了我们国家改革开放和现代化建设的总设计师，将中国特色的社会主义事业推入快速持续发展轨道。借此我也向这位伟人表达一份景仰与缅怀之情。

顺便讲一点会场上的"小花絮"。江青也参加了会议的开幕式。原来，在大会召开前几天，她就带着当时文艺界的一帮人去了大寨。开幕式上，江青也上了主席台，好像还有姚文元。会议没有安排江青讲话，但在小平同志讲话过程中，她不断地插话，都是一句半句的，没有啥内容。比如小平同志刚讲第一句："中央的同志要我来讲几句话"，江青马上插一句"毛主席请邓小平同志来给同志们讲几句"。当小平同志讲到"全国农民人均农业产值只有124元，贵州倒数第一、四川倒数第二"时，江青插上一句："四川是天府之国"。

从会场的情况看，大家对江青不断插话，打断小平同志讲话，是反感的。小平同志也是有点反感，曾两次甩下话把她顶回去。比如，当小平同志讲到"全国还有部分县、地区，粮食产量还不如解放初期"时，江青大声说"是少数"，小平同志立马就回她一句："个别的也是不得了的事呀！"会场沉默了一会，大概小平同志也觉得话回得太硬，便补充说："就是个别的，也是值得很好注意的事。"又比如，当小平同志讲到社员收入有的很少，有的还倒欠账，"这种情况，我们能够满意吗？"时，江青插话说"有些债要取消了"。小平同志当即就说："那是政策问题，要另外研究！"意思是江青讲的不算数。

可笑的是，新华社报道会议的新闻稿中，标题就有"江青同志作重要讲话"。这可给传达会议精神带来了很大的麻烦。会后，许多代表回去传达时，许多人都问江青讲了什么，甚至质问"为什么不传达江青重要讲话?"在当时情况下，谁也不敢说江青没讲什么，因此很不好办，就给农林部打电话，希望给个统一的"口径"。农林部的领导当然也不敢表什么态，弄得很烦恼。记得沙风部长还专门找刘堪等人议论过怎么办。后来究竟怎么办的，我就不晓得了。

会后大家在昔阳参观了一下。几天之后，代表们就回北京了。期间，召开了一次又一次的座谈会。

10 月 15 日，在人民大会堂召开了全体大会，华国锋作大会总结（题为《全党动员，大办农业，为普及大寨县而奋斗》）。华国锋说，全国农业学大寨的群众运动，发展到了一个新的重要阶段，这就是"全党动员，大办农业，为普及大寨县而奋斗"。最后发出号召，"苦战五年，到 1980 年，要求全国三分之一以上的县建成大寨县，其他的县也都要建成更多的大寨式的大队和公社。"

10 月 19 日，陈永贵在全体大会上致闭幕词，宣布大会结束。

四、口号是"普及大寨县"

会议的基本调子主要基于当时形势的调研和分析，主要是关于当时全国农业学大寨的情况。基本判断是：自从 1970 年开展学大寨运动以来，占 30％的县学得比较好；50％的县没有迈出大步子；20％的县没有迈开步子。针对这种情况，要加大工作力度，普及大寨县。会议文件的各方面都贯彻这个基本精神。

学习的先进县，也就是学得好的县，它们的基本经验是什么呢？就是带领全县人民群众对资本主义全面专政，大批资本主义，大干社会主义，领导带头。简单说就是"一批二干三带头"。就用这来说明基本精神，学得好是这么一个问题。同时强调领导干部要参加劳动，一年要干 300 天。

没有迈开步的问题是什么呢？没有迈开步的主要是县委班子存在着"软、散、懒"的问题。原话是这么讲，除了极个别的县坏人和走资派当权以外，主要是县委班子存在着软、散、懒的问题。软就是不斗敌批资；懒就是缺雄心壮志，不蹲点劳动；散就是不齐心合力，甚至钩心斗角。此外还讲了四个方面的具体表现。这些我就记不得了。

这次会议的重点就是要"普及大寨县"。会议提出来一个口号，"苦战三五年，普及大寨县"，强调的就是要把县委班子建设好，特别是解决软、散、懒的问题，主要是解决"软"的问题。当时就是这么个说法。

需要提醒的是，这次会议没有专门强调落实"农业六十条"。之前我已讲过，批林整风，批判林彪反革命集团的时候就纠正了这些事。"文化大革命"政策乱的主要还是林彪事件之前那七年。林彪事件出来之后，大批林彪的"形左实右"，说搞这些东西（指不落实"农业六十条"政策）不是革命的，是走资本主义道路，是右，把帽子戴上就慢慢落实了这些政策。

所以当时的口号很响，叫"大办农业，普及大寨县"。彼时已不是纯粹学大寨运动，而是要普及大寨县运动，而且是要三五年普及大寨县。

会上还定下了大寨先进县的六条标准。老实讲，会议准备的时候没有这六条标准。领导同志在会上才提出来的，说，得定个什么标准。大家就研究出了这么六条标准。一是有一个能坚决执行党的路线和政策、团结战斗的县委领导核心；二是树立了贫下中农的阶级优势，能够对资本主义活动进行坚决斗争，对阶级敌人实行有效的监督改造；三是县、社、队三级干部都能够像昔阳县那样坚持参加集体生产劳动；四是在农田基本建设、农业机械化和科学种田方面，进展快，收效大；五是集体经济不断壮大，穷社穷队的生产和收入达到或超过当地中等社队现在的水平；六是农林牧副渔各业全面发展，增产数量大，对国家贡献多，社员生活逐步有改善。

五、提出五方面促进生产措施

这次与以往会议有个很大不同。之前的都不讲，或是很少讲生产措施，这次讲了很多的生产措施，而且非常具体。我印象深的，有五方面的措施。

一是要大搞农田基本建设。重点就是建设稳产高产的基本农田，要在1980年实现一人一亩高产稳产田。因为我们的口号提出是"三五年达到"，而1975年到1980年还有5年时间，所以要在1980年要实现。考虑到当年的建设力量和客观条件，办到的难度不小。尽管如此，会议之后，全国大搞普及大寨县，许多地区平整土地，兴修水利，兴起了又一波更大规模建设基本农田的高潮。

二是要大力发展农业机械化。也就是要在 1980 年实现毛主席提出的"基本实现农业机械化"目标。这里又有很多具体措施，包括增肥、补贴、购买机械等等。

三是加强科技，特别强调先进技术的推广应用。提出健全农业科技推广体系，建设农业科技推广网络（农业科技网）。其实"农业科技推广网络"就是在那时才提出来的，后来一直强调它。

四是大力发展社队企业，壮大集体经济。毛主席说社队企业是我们光明灿烂的未来，希望之所在，所以纪登奎、华国锋都特别强调要发展社队企业。

五是支持穷社穷队。后来又加了一个对象——山区。所以完整说法是，支持穷社穷队山区。支持它们，实质就是现在的扶贫。那个时候没这么讲，就是说对穷社穷队，要给它们大力的支持，每个省都要花力量去帮助它们。

这五方面的措施很有意思，对于促进生产也很得力。

还有一些其他措施，是当年流行的那些东西，但我已无印象。

六、一通让我后怕的电话

关于这次会议，我个人还因为一通电话，后怕不已。现在回头来看，也算躲过一劫。

开始说代表中要有 10 位特邀代表，就是基层党支部书记这些人。其中就有一位是天津小靳庄大队的支部书记王作山。为何打算特邀他呢？主要因为当时天津小靳庄是江青抓的一个典型。小靳庄的人会说书，他们写了很多革命诗歌。江青当年就喜欢抓这些东西。不知怎么的江青知道了那个村，然后很自然地就把小靳庄作为她发掘树立的典型。定特邀代表时，有人推荐了王作山。

裴润让我给天津打电话。我打电话告诉天津方面，这个会议设有特邀代表，小靳庄的王作山要作为特邀代表。考虑到代表名额紧张，我特意讲他就不占天津代表团的名额。

不想，在国务院业务组讨论代表名单时，有领导同志就提出不同意见。他讲，这个小靳庄蹦蹦跳跳，能跳出粮食了？明确表示不赞成小靳庄作为典型。领导就跟我说，你再打个电话。我又给天津打电话，说："会议不设特邀代表了，王作山同志参不参加会议，你们自个儿定，参加的话就要占你们的名额。"天津的同志一听就明白了，情况有变。最终王作山来没来，我就不知道了。

不过，这事在后来"反击右倾翻案风"的时候，不知道被谁给抖搂出来了，说这是翻案复辟的表现，是针对江青去的，否定江青的典型。哎哟，给我紧张得要命。要是有领导批示查这件事，肯定立刻就会抓了我，要我交代是谁说的，是怎么回事。万一被抓，我怎么交代？我在提心吊胆中熬过了一个礼拜，幸好仍然没有什么情况，我这才放心。我那时很清楚，新华社动态清样领导每天都看，要是有领导批示早就会下来，这么长时间没有动静，看来没有领导批示。我也算躲过了一劫。不过，现在每每回想此事，仍有冷风吹背，后怕不已。

还有一个挺有意思的花絮。在讨论文件的时候李先念"骂"张春桥等一伙人，说他们是"天桥把式只说不练"。北京的天桥把式，就是旧社会耍把戏的，净耍嘴皮子，不来真的。后来写文件的时候，刘堪就把这句话用上了。文件这样讲，"有些县委书记，有些县，我们地方有些同志，天桥把式只说不练"。李先念就说，"嘿，你们把我这个话给用上了。"

再就是批"通渭没治论"。通渭是甘肃省最穷的县之一。他们的县委书记之前讲过一段话，意思就说通渭这个地方，我是治不好；就是别人谁来，也治不好。就被人总结为"通渭没治论"。会上这位县委书记自己带头批自己的"通渭没治论"。

七、会议成果不大

准备会议文件，领导讲话文件稿，主要是刘堪、裴润和谢华三位负责；改稿子、定稿子也是他们；最后的写会议文件还是他们。

会议最终的文件不长，分成五个部分。第一部分讲形势。第二部分讲要普及大寨县。第三部分讲政策。政策很少，主要讲措施。第四部分是加快建设社会主义大农业。第五部分是全面规划，加强领导。基本调子还是我前面讲的那些，就是讲学大寨先进县的根本经验是什么？学不好的原因是什么？措施就是那五个方面的措施。

会上的简报特别多。每个省的书记，每一位县委书记都发了言，介绍各自的情况，也讲了参加这次会议对照各自地方的情况，研究制定回去后怎么建设大寨县的计划。

会后全国又掀起了基本农田的建设高潮；"学大寨，普及大寨县"也成了一个口号，各地纷纷争创大寨县。

老实讲，后来实际上没有贯彻好这次会议精神，因为1976年4月5日发生了"天安门事件"，紧接着就搞反击右倾翻案风，反对邓小平。2天后，中央人民广播电台向全国广播了由中共中央政治局通过的"两个决议"。"决议"的第一个内容是，任命华国锋为中共中央第一副主席、中华人民共和国国务院总理。第二个内容是撤销邓小平党内外一切职务，保留党籍，以观后效。小平同志再次被"打"了下去，大家又不敢说了，更不敢干了。

1976 年是中国历史上极不平凡的一年。从 1 月 8 日周总理去世到 9 月 9 日毛主席去世，期间发生了多起令国人心伤悲痛的巨大变故。直到 10 月份，"四人帮"被抓，标志 10 年"文化大革命"正式结束。国人才得以从深深悲痛中缓解出来。在此背景下，由刚刚当上中共中央主席的华国锋同志提议召开一个"像样的很大的农业学大寨会议"。1976 年 12 月 10—28 日，第二次全国农业学大寨会议在北京召开。会议代表 5 000 人，规模是同类会议的历史之最。时任国务院副总理陈永贵同志在会上作了《彻底批判"四人帮"，掀起普及大寨县运动的新高潮》的报告。华国锋两次到会，并作重要总结讲话。这次会议把学大寨运动与揭露批判"四人帮"结合起来，有力地推进了揭批"四人帮"运动，大大振奋了国人的精神。这次会议明确提出要"深入开展农业学大寨、工业学大庆的群众运动，努力把国民经济搞上去"，"努力发展社会主义经济"，有力纠正"文化大革命"中以阶级斗争为纲的错误做法，对于加快恢复国民经济起到积极作用。那是一段极为特殊的历史时期，段老对那段经历有着深刻的记忆。在筹备阶段，段老负责准备典型交流材料。会议召开期间，段老承担了秘书组工作。会场上气氛热烈，代表们群情激奋揭批"四人帮"的罪行，老同志们为"四人帮"定性为"一砍二乱三反"而慷慨陈词，代表驻地宾馆大贴大字报，项南在宾馆过道放起了美国农业录像，郭兰英在山西代表团举办的晚会上纵情放歌……这一幕幕场景，段老至今记忆犹新。这次会议是"文化大革命"结束后第一次全国性大会，国人被长期压抑的发展热情再次高涨起来。

第八篇　1976 年全国农业学大寨会议①

一、不寻常的 1976 年

1975 年全国农业学大寨会议之后，落实会议精神，当年冬春，全国有 130 多万干部下到农村抓生产，与农民同吃同住同劳动（"三同"）。虽

---

① 原题是"团结胜利的 1976 年全国农业学大寨会议"，发表在《农村工作通讯》2014 年第 21 期。

然天寒地冻，但大伙心里很热乎，兴修水利，平整土地，大搞农田基本建设，干得是热火朝天。搞农业的人都很高兴。

可好景不长。1976年在我们国家可以说很不寻常。这一年，1月8日周总理去世；4月5日发生了天安门事件；接着是搞反击右倾翻案风，撤了邓小平的职，批邓；7月6日朱老总去世；7月28日唐山发生大地震；9月9日毛主席去世……哎哟，在那个年代，那样环境下，人们心里都憋得慌。直到10月份国庆节过后，"四人帮"被抓，大家总算换了个心情。

"四人帮"是10月6日被抓的，但消息没有正式公开。我是第二天或是第三天听到的。那天早上，我从林学院的家里骑车到砖塔胡同的农垦大楼（当时农林部机关驻地之一，现在是农业部农村经济研究中心办公所在地）上班。在路上，遇上单位的吴姓同事，他悄悄跟我讲，抓了"四人帮"了。我很高兴，也很平静。最大的感觉是，怎么那么快就处理了。到了单位，就听到大伙都在议论这事。记得大伙特别兴奋，可不是一般的高兴。当年那个环境，大家不敢公开说，都是叽叽咕咕的；兴奋是很兴奋，但也得压抑着。

消息传得很快，我们不时就听到外面传来"噼里啪啦"的鞭炮声，楼下有人放鞭炮以示庆祝。很多同事就要求出去游行。机关领导一看控制不住，就提出去农展馆集会。农口的同志们一听，马上就赶往农展馆。

农口各部门机关的，事业单位的，无论男女老少，包括在京的还在被审查的农口人都很快地挤到农展馆。大伙放鞭炮，喊口号，被压抑许久的感情一下被释放了出来。特别是一些老干部更是激动得热泪盈眶。

二、华国锋提议开一个"像样的很大的农业学大寨会"

农口同志这么激动是有独特理由的。1970年北方地区农业会议，1975年全国农业学大寨会议，都制订出台了一些政策，纠正"文化大革命"过激做法，促进农业生产。老实讲，受"四人帮"阻挠，实际作用都相当有限。有些政策的出台本身就很勉强，有些政策落实很不硬气。农业生产很难抓上去，我们农口的同志心里都憋着一口气。

学大寨活动一直受到"四人帮"的干扰。1975年农业学大寨会议之后，有两个地方不让传达会议文件，一个是上海，另一个是辽宁。有些地方还不让召开农业春季生产的会议，理由是会影响"批邓"。自刮起反击右倾翻案风后，贯彻1975年全国农业学大寨会议精神的事就基本停下来。当时从中央到地方都是这样一个形势。

那时农林部已经成立了政策研究室，主要负责的有谢华、裴润和刘堪等。我是研究室的小年轻。

生产不让抓，农业怎么能搞上去。那段时间，农林部的领导，包括我们政研室的同志，天天都在议论这些事，究竟怎么办？

这样下去肯定不行，一定要想办法。记得1976年年初的一天，研究室主任谢华，召集我们开会布置任务，讲要代中央准备一个文件，也就是代拟一个通知。通知主要包括三个意思：一是，1975年第一次全国农业学大寨会议是毛主席指示召开的，是对的，会议文件和精神要继续传达贯彻；二是，全国各地驻到农村的工作组不要撤，要继续实施原来的规划，开展学大寨活动；三是要抓好春季生产。

起草过程遇到的第一个问题是，"批邓"怎么说？这可是当时的头等任务。起草工作就卡在这上了。后来，就想了个办法：不要把"批邓"、反击右倾翻案风与开展农业学大寨对立起来。用这么个说法，把这个矛盾给解决了。

遇到的第二问题是，邓小平在昔阳的那个讲话，要不要批判？既然是中央发通知，这也回避不了。大家细议论，小平的那个讲话没有什么不对呀！最初想了一个笼统的说法，邓的那篇讲话是反社会主义的大毒草，要大力批判，肃清流毒。可再细想又不对，邓没有反社会主义。又换了一个说法，"邓的讲话有错误，可以批判"。

当时我虽不执笔，但讨论都参加了，所以这些情况是知道的。

费了九牛二虎之力，这个通知终于草拟完成。通知的名称就叫《中共中央通知》。这个通知很短，实际就是三句话，讲三件事。一是学大寨是正确的，还要继续贯彻。二是工作队不要撤。三是抓好春耕生产。邓的问题最终是这样表述，"不要把反击右倾翻案风与农业学大寨对立起来；邓有错误可以批判。"按照原先的计划，这个通知发到大队。通知最终发没发出，我就不知道了。草拟的通知送上去好久也没有反馈。我感觉，通知最终没有发出，是不了了之了。这是我们农林部为促进农业生产采取的一个措施，以失败告终。

五、六月份的时候，"批邓"反击右倾翻案风正是高潮的时候，农林部提出，召开一个南方水稻生产会议，请陈永贵去讲讲。这些都是跟纪登奎、李先念汇报过的。这个会要排除农业学大寨的干扰，好好抓抓农业生产。因为"四人帮"的阻挠，结果又没有开成。

到8月份，农林部又向国务院写了个报告，计划在10月中旬开一个"普及大寨县工作座谈会"，会期半个月，代表200位左右。这些事，我都参加了讨论。沙风部长跟我们说，这也是国务院领导同志的安排。不过，这个报告究竟送没送，什么时间给国务院送的，我不知道。虽然一直没有消息，我们农林部一直在做准备。9月9日，毛主席逝世了。这下更没有什么信息了。会议最终还是没开成。

这样拖到了10月份，"四人帮"被粉碎了，我们农林部的人又积极起来了。应该是10月份的中旬吧，华国锋已经当上中共中央主席了。有一天，沙风部长到研究室，同时也召集了部里其他一些同志，告诉了我们一个好消息。他说，在飞机场见到出访回来的华国锋主席时，汇报了农林部要开一个学习大寨的工作座谈会的事。华当即就作出明确指示，"要开一个很大的会，跟1975年第一次农业学大寨一样的像样的很大的会。"整个农林部立刻就沸腾了。

要开一个很大的像样的大会，我理解的意思是，不要就开一个200人的座谈会嘛。由此可以得出结论，第二次全国农业学大寨会议是华国锋提议召开的。

纪登奎、李先念、陈永贵等领导同志也很赞成开这么一个会。

三、筹备会议很忙很开心

沙风部长回来立刻布置准备工作。

第一件事是，农林部先要向国务院提交一份正式报告，请示要开这个会。大概是10月下旬，报告起草工作正式启动。杨立功副部长主持报告起草工作，农研室谢华、刘堪、裴润等几位同志具体负责。我参加了报告的起草工作，具体说就是"打杂"。名称是《关于召开第二次全国农业学大寨会议的请示》。

请示报告明确这次会议的名称是"第二次全国农业学大寨会议"，地点在北京，规模是 4 000 人左右。第一次学大寨会议代表有 3 800 人，这次会议规模要超过上次。内容有四个：一是批"四人帮"，二是交流各地学习大寨的先进经验，三是检查 1975 年会议提出的建设大寨先进县规划的执行情况，四是部署 1977 年的农村工作。同时还研究农机化和农田基本建设的问题。另外，报告还提出正式开会之前，要开一个预备会。

报告很快就被批准了。部领导就讲，国务院都同意了，大伙就按照这个抓紧准备吧。研究室的三十来号人围绕开会的事动了起来，白天晚上连轴转，忙得不可开交。因为有了心气，大伙忙得很开心。

11 月 13—17 日，我们农林部把各个省主管农业的副书记、副省长请来，召开了预备会。预备会第一项内容就是传达华主席的指示，就是告诉大家要开这么一个会。第二项就是讨论会议通知，就是怎么写会议通知。第三项就是各省怎么分配 4 000 个代表名额。第四项就是商量大会的主题报告，主题报告讲哪些事，请这些管农业副书记、副省长提建议。这也是最重要的。这几天主要围绕这件事展开讨论。

我全程参加了预备会，会上听到、看到了不少事。参加这个会的大部分人都是被"四人帮"打倒过的同志，成立革委会时被"结合"了，但还有一肚子气。一开会，大家就猛批大骂"四人帮"，说他们真不是东西。大家提出了三项要求：一是要求增加会议代表人数，说 4 000 人少了，不够分；二是请华主席参加会议，并接见会议代表；三是要瞻仰毛主席遗容。纪登奎、陈永贵同志两次到会参加讨论。关于增加代表名额，他们当场就表态了。说代表规模要从 4 000 人增加到 5 000 人。增加的 1 000 名代表名额主要分配给基层的同志，要增加乡村的干部，省地县的干部就不要增加名额了。而且预备小组讨论时就将名额分配到各省了。华接见代表的事没说。预备会决定由陈永贵作主题报告。大家讨论了主题报告的写法和应包含的内容。

预备会还提出明确要求，各省都要提交 3～4 个大会典型材料，用于大会交流。近 30 多个省份，总共有 90 多份。再从中选出 30 份，在大会上发言交流。所以 30 份的正式名称是"大会发言材料"，其他就叫"大会材料"。我就参加整理这些交来的典型材料。

四、大会没有开幕式

12月10号，第二次全国农业学大寨会议正式开始。会议代表5 000人，这还不包括其他参会的人。一下全国各地来了这么多人，北京的宾馆都住满了。我们农口的人都动起来了。

我被安排在会议资料组。秘书组组长是裴润，他领着我们整理会议材料。当年我们住在京西宾馆，我又干了不少关于收发材料、修改、校对、印刷的活。

这个大会没有开幕式，只开了一个预备会。会前，成立了一个会议领导小组。会议领导小组有好几十人，甚至达上百人。成员主要包括几位国务院领导同志，农口各系统的部长和各省的一把手。预备会由李先念主持，会上重点部署会议的开法。

前两天是学习文件。文件是关于"四人帮"罪行的材料，我记得叫中央21号文件。这个文件是会后一天才印出的，还没有正式发出来。中央考虑这个会议比较重要，同时迟早也要发下去，就先发给会议代表学习了。

从第4天就开大会了。每天是上午各个代表团进行讨论，下午开大会。当时的中央领导同志习惯晚上通宵工作，上午一般要睡觉休息。开大会就是30个典型地方代表轮流上台发言。

代表团讨论比较有意思，大伙并不是讨论会议发言，而是集中揭批"四人帮"。大家讲起来，群情激奋，讲他们如何坏，如何迫害我们的同志；同时歌颂华主席，歌颂党中央英明。

有一天，京西宾馆里走廊里贴出了几张揭批"四人帮"罪行的大字报。这恐怕是空前绝后的。在我参加过的所有会议，包括后来的，这是绝无仅有的一次。开始是一层楼，后来是二层，三层，最后每一层都有。主要讲"四人帮"的罪行，特别是他们如何反学大寨的。这个现象蔓延得很快，其他宾馆都出现了大字报。

揭批"四人帮"的主要内容是：讲他们不让传达文件，文件有私货；不让去参观大寨；不让抓生产。反正就是这一类的事。大家都出来看，看到"四人帮"一桩桩丑事，都义愤填膺地痛骂他们。

天津小靳庄支部书记王作山也在小组讨论时发言揭批"四人帮"。他是江青树起的一个基层"先进典型"，1975年曾拟作为特邀代表参加第一次全国农业学大寨会议。我在一份会议简报上看到了小靳庄代表揭批"四人帮"内容，我估计就是王作山的发言。他重点讲了两个事。一是"以小压大"，以小靳庄压大寨。二是江青给小靳庄争取了一笔投资，大约有五六万元的农业建设项目资金，另外还帮助争取过五万元贷款。两个数字我是记得的，因为当年外面都讲小靳庄没有要国家一分钱投资。同时在当年这可是一大笔钱。从内容看，是在以揭批"四人帮"的名义作一些"说明"。

五、讨论和修改陈永贵主题报告

期间召开了一个老同志修改意见座谈会，专门讨论修改陈永贵的主题报告。当时报告还是个讨论稿，在正式作报告之前，发给大家作修改。这些老同志主要是管农业的副省长、副书记，还有国家管农业的一些同志，像张根生等很多人。讨论时，大家普遍对报告的内容不是很满意，主要集中在两个问题。

第一个是关于对"四人帮"的罪行的概括不到位。陈的原报告对"四人帮"概括的是，"三反一砍"。"砍"是砍大寨旗子；"三反"是反对批判修正主义，反对批判资本主义，反对大干社会主义。大家一致的意见是要加上"二乱"，就是"四人帮"把农村基层组织搞乱了，把农村政策搞乱了。核心是把政策搞乱了。这集中表现在两方面。

一是搞穷过渡。"过渡"就是把核算单位从生产小队向生产大队过渡。这最早出现在人民公社化运动中。当年毛主席讲，公社是通向共产主义社会所有制的天桥。毛主席设想，先是将核算单位从小队过渡到大队，大队再过渡到公社核算，公社是政社合一的，公社所有制就是社会主义全民所有制了，然后再向共产主义全民所有制过渡。当年由于相关条件并不具备，只能是搞"穷过渡"。同时由于这种政策严重影响农民的生产积极性，从20世纪60年代初起，中央进行了调整。不过，"文化大革命"后，就特别是1976年搞反击右倾翻案风后，很多地方又大搞穷过渡。也有领导同志一直支持搞过渡，主张要积极点。

我们农林部门是不主张不赞成搞穷过渡的。1975 年之前，农林部专门就各地小队向大队过渡情况作过一次调研，整出了一份材料。调研的最后报告说这种过渡是有问题的，并向国务院提交了。因为这，农林部还被一位领导同志点名批评"西单大楼（农林部）闹地震"。让我们农林部领导着实紧张了一阵。老同志们建议陈的报告表述为"一砍二乱三反"。

二是搞乱记工评分这套政策。"四人帮"大搞大寨工分（也叫大概工分），严重影响群众的生产积极性。大伙强烈要求将这归入政策之乱。需要说明的是，陈来自大寨，自然对这条意见很不满意。所以，陈的最终报告讲没讲这个"二乱"，我记不清楚了（1976 年 12 月 20 日，陈作的主题报告中没有讲到"二乱"——编者注）。但这些意见形成一个内部材料，呈送给了各位领导同志。

第二个就是关于基本路线教育。陈的报告讲，要继续开展基本路线教育，反对走资派。老同志就说，搞这些没有标准，什么叫走资派？在农村怎么算走资派？走资派是否要层层抓？大家有意见，讲划定走资派难，实际是不想搞这件事。大家提出，应就事论事，有什么事就抓什么事，不要提什么抓走资派。

还有其他一些意见，比如抓紧把老干部"解放"出来，等等。

关于陈永贵的报告，国务院也专门研究讨论过一次，国务院的领导同志都参加了。我没有去。刘堪去了，回去跟我们讲了，当时他们通宵改这个稿子。

后来，根据我在会场听到的，陈永贵报告有五个部分。一是"伟大的历史性胜利"，主要讲粉碎"四人帮"是挽救了党，挽救了国家。二是"要更高地举起农业学大寨的旗帜"，主要讲三反一砍这些事。三是"继续深入进行党的基本路线教育"，就是工作队继续深入基层，还是先前学大寨的一些事，大干社会主义，一批二干三带头；四是"必须使我国的农业生产有一个大的发展"，就是要把生产搞好；五是"书记动手，全党大干农业"，就是加强领导，这是老规矩了。

陈永贵会上还脱稿讲了一件关于"四人帮"反对学大寨的事，"妈的，我这个管农业的副总理嘛，要开一个南方水稻工作会议，都不让！"

六、华国锋两次到会并作一次重要总结讲话

1976 年 12 月 20 日晚上，开大会。华国锋、叶剑英、李先念等中央领导同志都来了。李先念主持会议，陈永贵作了《彻底批判四人帮，掀起普及大寨县运动的新高潮》主题报告。接着就是大家讨论。

25 日晚上，在人民大会堂开全体代表大会。叶剑英主持了会议，华国锋作重要讲话。

会前，华国锋同党和国家其他领导人走上主席台，代表们全体起立，全场响起暴风雨般的掌声。"向华主席致敬！""向党中央致敬！""彻底批判'四人帮'，掀起普及大寨县运动的新高潮！"欢呼声和口号声响彻大厅。中央领导同志也高兴地鼓掌，向大家亲切致意。

华讲话时，大家激动得很，会场又是掌声雷动。

华首先肯定这个会开得好，相信会议后我国农业将排除干扰，会有很大的发展。也肯定了陈永贵的报告。

然后，华回顾了 1976 年的经历和斗争。从周总理逝世说起，说到天安门事件，说到批邓，说到反击右倾翻案风，还有朱老总去世，唐山大地震，毛主席去世，四人帮篡党夺权，被中央下决心粉碎……总结起来，有三句话。第一句：1976 年是极不平凡的一年。第二句：1976 年是全党、全军、全国人民经历严峻考验的一年。第三句：1976 年是取得历史性伟大胜利的一年。

第二就是对"四人帮"的定性，我记得这么一句话："他们是极右派，是彻头彻尾的走资派，是穷凶极恶的反革命派。什么'左派'，什么'激进派'！他们的路线，右得不能再右了！"然后，华讲了很多根据。

接着，华布置 1977 年要抓四项工作。一是继续深入揭批"四人帮"。二是加强党的建设，包括组织建设，思想建设，作风建设这些。我当时领会他的基本意思就是将"四人帮"的残余势力从各级班子清出去。他提出，各省在适当时候要开会，选举新的党委，组建班子，将"四人帮"的亲信给清理出去。当然，这不是他的原话。三是迅速掀起工业学大庆农业学大寨的新的高潮，把国民经济搞上去，把被"四人帮"耽误了的时间抢回来。四是学习毛主席著作。会上公布了毛主席著作的五卷。

他的讲话中关于"批邓",说法比较特别,会下同志们议论很多。在我印象中,至少是淡化了这件事。他没有专门讲"批邓",而是讲"四人帮"的罪行时,说他们"'批邓'另搞一套,层层抓走资派"。总的感觉,没有强调"批邓"这事。他讲话中有无"继续反击右倾翻案风"这句话,我不记得了。我们研究室的人下来议论这事,都认为"批邓"是要淡化了。这个我印象深刻。

散会后,代表们都很兴奋。回到驻地后,有些代表团就自发搞起了晚会。驻在京西宾馆的山西代表团贴出布告,说他们组织了个晚会,欢迎大家参加。那天晚上我去了,发现也没几个人,只是王谦(后来任山西省委书记)在主持,大伙聊着大天。待着觉得没有什么意思,我就走了。刚走出门,还没有到电梯口,就看到郭兰英来了,我赶紧跟她回晚会现场。她可是当年的"万人迷",我也是她的"粉丝"。因为她在"文化大革命"中被打倒,被剃过光头,吃了多少苦,所以特别激动。那晚,她唱了一曲又一曲,主动要求再唱。这样,一连唱了好几首。她说,见到家乡人都高兴,要感谢家乡的父老乡亲,还有领导。其实,这种兴奋充盈着所有代表团的驻地。

会议期间,各地各单位都发来了贺电,这也是史上第一遭。发贺电的有县里的机关单位,有工厂,还有村大队,总之是各级各地各行各业。内容一般就是"热烈祝贺大会召开","坚决拥护华主席粉碎'四人帮'",还有就是表决心抓好生产之类。

会议最后讨论了建设大寨县的规划,宣布了上年度规划执行情况。1975年全国农业学大寨会议定了一个规划,第二年要建成300个"大寨县",会上评出全国123个县,授予"大寨县"称号。同时,定了1977年的规划,目标是建成284个"大寨县",并落实每个具体的县。

27日晚上,华主席等中央领导同志接见会议代表,并合影。这样会议结束了。会议就是这样一个过程。

中间,也就是12月19日穿插召开了一个扩大的领导小组会议,包括各个省带队的领导都参加了。这个会也很重要,我参加了。那次会议各地管商业的厅长都来了,所以借这个机会也讲讲商业的事。余秋里到会讲了话。他主要谈了四件事。一是要关心群众生活。当时很多群众缺粮少衣,各级党委政府要想办法解决他们的急迫困难。二是要增加轻工业生产。那时候什么都缺，要扩大生产，满足群众的基本生活所需。三是扩大城乡交流，比如建设一些农贸市场。四要搞好废旧物资回收，充分利用废旧物资。

七、三件趣事

一件是项南给大伙放起了美国农业情况的录像。项南改革意识很强，也十分讲究办事的方法。后来他与万里、习仲勋、谷牧、任仲夷等五人成为著名改革人士。他当时任农机部副部长，会前不久去了趟美国。在参观国外农业时，他搞了台录像机拍了很多国外农业的影像资料。他放录像有点特别，自己从不在现场待着。他在京西宾馆11楼层中间走廊大厅拉了块荧幕，每天晚上放上录像，自己就走开了。他也不管别人看不看，也不管谁来看。我想，采取这种方式也显出了项南的高明之处，因为会议没有部署这个内容，他也不清楚当时让不让放。"你爱来不来，反正不是我请你来看的。"实际效果是很好的。每天会议一结束，好多人就会来看。那些天，我是看了好多，才知道美国农业那么发达，美国的农场是那么个样子，美国原来是农场主在经营农业，他们生活是那么舒服。真是开阔了眼界。

一件是吃火锅。当年，北京所有宾馆都是满员。这样保障吃的任务很重。有时宾馆会改善一下伙食，吃火锅涮羊肉可算绝对的大餐了。当年，各种物资都很缺乏，宾馆里涮羊肉用的锅不够，这样各个宾馆只能轮流提供涮羊肉。我喜欢吃火锅。每次就打听哪个宾馆涮羊肉了，就拿着工作证去那个宾馆吃。

还有一件就是为表达对毛主席崇敬爱戴之情，代表们为修建毛泽东纪念堂义务劳动了一天。会议期间，因为纪念堂正在修建之中，代表们没有去瞻仰毛主席遗容。怎么办呢？大家都要对毛主席表达一份感情，大会就组织大家去纪念堂的工地义务劳动一天。大家欣欣鼓舞，能为修建毛主席纪念堂参加劳动了。会议代表5 000人，加其他与会人员，总共7 000~8 000人，挖土方，搬砖头，抬钢筋，大伙干得热火朝天，场面很是壮观。我也去了，主要是抬了几捆钢筋。各省还给在建的毛主席纪念堂带了很多物品，比如吉林的松原带了100棵红松树苗，要求栽种在纪念堂；新疆带来了核桃苗，也要求栽在纪念堂；还有几个省、地带来了家乡的土……我看到，很多地方的代表在参加义务劳动时，直接把自己家乡的土撒在了纪念堂工地。其中还有一个很特别的，我国著名的葵花籽产地甘肃庆阳地区，带来了葵花籽种子，要求种在纪念堂，表示棵棵葵花向太阳。当年各地干部群众对毛主席的那种朴素和真挚感情，现在年轻人恐怕很难想象的。

第二次全国农业学大寨会议是粉碎"四人帮"后，党中央召开的第一个全国性的大会。这次会议在继续推进全国揭批"四人帮"运动，促进国民经济的迅速恢复上发挥了积极作用。这次会议也具有很多政治风向标作用，尽管没有能完全脱开"文化大革命"中以阶级斗争为纲的说法，可明确提出了"在坚持社会主义方向，坚持无产阶级政治挂帅的前提下，生产发展得越多越好，越快越好"，这就为此后国家将工作重心转移到经济发展方面作了铺垫；关于批邓，也有了新说法，"四人帮'批邓'另搞一套，在思想上政治上造成很大混乱，经济上造成很大损失"，这为邓小平同志的再次复出埋下了伏笔。

1976 年年底第二次农业学大寨会议闭幕后，各地迅速掀起农业学大寨、普及大寨县运动。根据会议要求，向各地派出工作队员指导生产。当年段老随农林部派出的工作组到四川仁寿县禾嘉公社丰收大队第 6 生产队，一驻就是大半年。段老基本吸取此前搞"四清"的教训，帮助老乡们在政策"夹缝"找空间，集中精力搞生产发展。

农业学大寨运动中有三个会议极为重要，分别是前面已经讲过的 1970 年北方地区农业会议、1975 年第一次全国农业学大寨会议和 1976 年第二次全国农业学大寨会议。我还是从 1976 年第二次全国农业学大寨会议结束之后说起，直讲到 1980 年 11 月 23 日中央批转山西省委《关于农业学大寨运动中经验教训的检查报告》，作为结束。这中间会跳过十一届三中全会。

第九篇　农业学大寨运动的结束①

一、到四川仁寿驻村

1976 年年底第二次全国农业学大寨会议闭幕后，全国掀起的农业学大寨、普及大寨县运动，可以说达到了历史最高潮。全国各地派出工作队员达 130 多万人；各地迅速掀起了轰轰烈烈的冬春基本农田建设，达到 2 亿多人次。

当时各地通过批判"四人帮"、林彪反革命集团来推动农业学大寨运动，具体就是四川省创造出的"一批两打"。"一批"就是批判"四人帮"和林彪反革命集团；"两打"就是"打击阶级敌人的破坏活动"和"打击资本主义势力的猖狂进攻"。阶级敌人主要指在大陆的国民党军警宪特这一类人；搞资本主义的就是地主富农这一类人。按照当时判断，这两类人正有所行动。工作队下去就是进行"一批两打"。

当年农林部派出了 6 个工作组。根据安排，一个工作组负责一个公

---

① 原题是"农业学大寨运动就这么划上句号"，发表在《农村工作通讯》2015 年第 4 期。

社，工作组指派一位组员专门负责公社的一个生产队。我参加的工作组被派到四川仁寿县禾嘉公社，我被派到公社的丰收大队第6生产队，一驻就是大半年。驻村的任务就是抓"一批两打"。当时社会上"打"得厉害，抓了很多人，到处是批斗会。公社也好，县城也好，经常召开公审大会、批斗大会。

禾嘉公社丰收大队第6生产队近40来户人，就有一个地主，还是位老太太。经我了解，她也没搞过啥反革命活动。

我到村第二天就发现一件事，家家户户屋后都堆着新砍下的桉树。原来，之前社员们偷偷地搞些副业，种了一些桉树。但按照当时政策是不允许的，这是搞资本主义。所以，社员们一听说工作队要来，还是中央工作队，吓坏了，连夜把树给砍了。农民嘛，一有风吹草动就会杀猪砍树。之前不就是有过这样的事：上面政策变动了，他们的自留地就被收回了。担心政策变来变去，好不容易种出的东西会归公，他们没有什么其他太好的办法，地里有什么就先收了。当年毛主席就说过，农民对付政策变动的对策就是杀猪砍树。老实讲，我一直觉得搞些副业不算为过。我没追问是谁煽动的，也没有向上汇报这件事。

其他几个生产队的工作队同志也都发现了类似的情况。带队的张余三同志，觉得"多一事不如少一事"，想着就算了吧，要求大家就别再议这事了。

总之，我所在的第6生产队没有搞批斗大会，没有批斗资本主义、阶级敌人，有的只是清理了一下账目，结果也没清出来什么问题。

那次驻村，我基本吸取了此前在贵州搞"四清"的教训，不瞎折腾，而是集中精力抓生产。生产上去了，老百姓的生活才有着落。搞好生产才是他们最喜欢的，我到那儿就是抓生产，我相当于来干生产队长的活儿。

不好好抓生产也是不行的。当时6队年人均可分到的口粮还不到400斤，成年人压根就吃不饱；劳动日值只有1毛2分钱，比当时全国平均水平还低5分钱。同时，因为实际超支多，没有一个农户能拿到一分真钱。主要是由于当时生产队采取了基本口粮和按劳动工分分配粮食相结合的办法，即所谓"人七劳三"，结果出现大量超支户。

按照这个办法，正式分配前，首先要算出生产队的纯收入。总收入减去总支出就是纯收入。纯收入再刨掉公积金、公益金、农业税三项就是可分配收入。将生产队全年可分配的总收入除以全年生产队的总工分，得出一个劳动日的价值；将每户的总工分乘以劳动日价值，得出该户全年总收入。减去该户在队里的预支出（主要是口粮消费），即得出该户在该年的净收入（或净负债）。然后就算一下，有多少工分。当时，10个工分算一个劳动日。有了劳动日值，再知道你们家有多少工分，就知道能获得多少收入了。扣除你家分到的粮食、柴草和这样那样物品，剩下的就是你家可以分多少钱。要提醒的是，这仍然是数字上可以分到的钱。当年全国有三分之一的生产队存在超支，在兑现工分之前，就将可分配的部分分光了。所以，尽管算账下来，有农户还能分到钱，可那只是账面上的。当年不少生产队账上的公积金、公益金也都是假的，实际早就分光吃净了。因为口粮分配比例设置上，人口占 70%，劳动工分占 30%。人均口粮 400 斤，你家有个小孩，不管干不干活，至少分给 400 斤的 70%，那就是 280 斤。当时民间就有这么一句俗语，"紧干慢干，不如生个肉蛋"。你生个娃娃倒好了，娃娃根本吃不了能分到的口粮，家里其他人就沾光了。

因为不够吃，大家都很计较。我记得，最麻烦的是春节时分油、分酒那类事。按规定一家能分二两，可生产队从粮站和供销社拿到的总量，却不够这么分。为了能分到二两酒，大家争得很厉害。

我很快就帮村里制订了一个发展生产的计划，老百姓叫它"二五计划"，就是第二年要把劳动日值从 1 毛 2 提高到 5 毛钱；年人均口粮要达到 500 斤以上。劳动日值到 5 毛，是全国平均水平的 3 倍，那是不得了的；口粮到 500 斤，就可以吃饱饭了。初听到这个计划，大伙觉得那是不可能的事。不过，之前我是做了一番调查研究，心里是有谱的。我就给他们仔仔细细算了一笔账，告诉他们将采用什么办法。

口粮用什么办法呢？我考虑主抓两条。一条是搞好农田水利基本建设。首先是修水利。修水利，旱地浇灌的问题就可以得到有效解决。我早就得到消息，当地有个黑龙潭水库，工作组计划修条渠道将水引过来。其次是把田土深翻一次。牛拉不动就用锄头挖。此外是修个大的氨水池。当时县里有家化肥厂，按计划生产氨氮肥。生产过程中，有一些氨水需要处理掉。平常，没有人要氨水，工厂处理得就比较粗放，很多就白白流掉了。我觉得可以修个氨水池，冬天把那个氨水挑来，倒入池子，只要盖住不让跑气，肥料不就有了。有了水，有了肥，还怕粮食上不去？所以想着这三点，我觉得实现 500 斤口粮是可以的。

关于提高劳动日值，我想了两个办法。

第一个鼓励农户住家附近的田发展经济作物——种薏米，再去卖钱。当时，凡是农户住家周围的田，因为养鸡基本上长不得庄稼。鸡总是东捣捣西挖挖，水稻、小麦，都给毁了。我就建议，靠近住家的水田和旱地，全部种上薏米。薏米能长得跟高粱一样高，抽穗时候鸡够不着。薏米很贵，价格是水稻的 10 倍。当时生产队童会计的丈夫恰巧在乡里的供销社上班。我就这事专门向她打听过。我问她，能不能保证收。她丈夫这么说，这东西，很紧俏，供销社是有多少收多少。当时没人敢种，巴不得我们种呢。

第二个就是办砖厂。我去了就发现这个可以搞。生产队原来有家砖厂，在之前大批资本主义时就不办了，可烧砖的窑还在。同时值得庆幸的是，家家户户都有做砖坯的工具。将这个窑稍作整修，就能重新烧砖了。当年，各种物资都很紧缺，砖瓦不愁卖。

听完我的办法后，大伙说，咱们真还做得到这个。大伙积极性一下子就起来了，修渠，翻地，挖池，挑氨水，和泥，制砖坯，烧窑，忙得不亦乐乎。

最麻烦的是翻地。一是地太硬了。因为之前有相当长一段时间，他们插秧都不犁田。二是耕牛不行。当年耕牛可是种地的大物件，没有它们，单靠人，地可就难种了。小时候，我放过牛，对牛的体力情况比较了解。进村后，我先去看队里那几头牛，一看就知道那几头牛是使不上力了。我知道这么一条，在冬天如果牛毛容易拔下来，这牛儿就不行，第二年开春肯定干不了活。我进到村时，已是冬天。到牛棚，一拔，牛毛簌簌地掉。我心里真是一凉。好在也有个补救的办法，就是给牛儿灌生鸡蛋。我们老家解放前就兴这样做。可蛋从哪儿来？我也是大胆，就跟公社申请，暂缓一下国家分配给我们生产队派购鸡蛋任务。公社真就同意了。我们每天喂给每头牛几个鸡蛋。别说，还真管一些用。一个冬天下来，虽然多数的牛依然不行，但总算有几头牛又可以耕地了。牛不够使，人就得顶上。为激励大伙翻好地，我要求，每家每户要想拿到足额的返销粮，就得把土都翻一遍。

为保证产量，我们不种杂豆之类产量低的作物，山上主要是种苞谷（玉米），水田种水稻。

有了水和肥，还深翻了土，来年庄稼长得那个好啊。不曾想，有几块地的苞谷出穗之前，被一场大风给吹倒了。我赶紧招呼大家一起去扶。当时还犯了个错，因为没有注意防护，扶苞谷我们所有人都被细菌感染，长了"粪疙瘩"。虽说不致命，可就像长疹子，奇痒难忍。

我之前就对大寨搞的那套评工记分不太满意，在抓生产中，我尝试了实行劳动定额管理，可因受到了大伙的抵制而进行不下去。现在回想起来，这也不能怪村民。在那个时代大背景下，这种管理制度实在是"超前"。但我始终认为，这种激励才是有效的。我在后来工作中，特别在为农村改革决策提供政策建议时，有效激励思想一直贯穿始终。

办砖厂的事进展开始也挺顺利的。我们整修好了窑就开烧了。生产队统一把泥巴拌好，再由村民用模具将其做成砖坯、瓦坯，晾干后，然后送到窑里统一烧。一般是烧7天就可以出窑了。生产队有几个人会烧青砖青瓦，我们就给他记高工分，让他保证烧出来的是青的。第一窑砖出来的那天，老百姓很高兴。其他生产队都说，6队今年可有钱花了。当时，砖瓦真是不愁卖，刚出窑，就有来拉的人了。按照那个势头，实现劳动日值到5毛的目标，是板上钉钉的事。

根据我们制订的计划，到年末，总共可以烧17窑。不过在砖厂烧到第13、14窑时，就发生变故了。公社发现了我们在办砖窑。公社倒不是禁止我们搞，只是讲，不能由生产队来搞，而是应该由大队来搞。公社就要把砖窑收上去。当时，砖厂已经挣到些钱了。生产队用赚到的钱还买了一台小拖拉机。生产队社员坚决不同意，他们进行了反抗，把那些工具都藏了起来。大队就派人来强收。这些就发生在我离开村子不久。

我是第二年（1977年）的9月份离开的，所以并不知道当季粮食最终收获情况，砖厂大概最后还是归了大队。

有一点我至今都是心安的，我在那儿没有搞过一次批斗，没有批斗过任何一个人，所做的就是抓生产，抓好生产。

二、普及大寨县工作座谈会讨论了十一个问题

1977 年秋天我回到了农林部。根据部里统一布置，每个工作组都要写一份调查报告。需要调查 20 户人，其中，要有富裕的、不富裕的，还要有各个阶级的，主要就是这些农户家庭的生产生活情况。我当时没有操心这事，一心一意抓生产去了。

后来农林部就说要召开一个农业学大寨、普及大寨县工作座谈会，部里很多人都投入到这个会议筹备工作中。我当时在农林部政策研究室，也是全力以赴。

这个会规格是蛮高的。各个省分管农业副书记（一般也都是副省长）参加了。会议于 1977 年 10 月 30 日召开，一下开了 20 多天。各个省汇报情况，会后整了个报告。

座谈会主要讨论了十一个问题。

第一个是研究农业发展问题。会议提出当时农业发展形势有四个特点：速度慢、水平低、不平衡、不全面。速度慢，就是从 1956 年到 1976 年的 20 年，粮食产量的平均增长率是 2％，人口增长速度也是 2％。水平低，是说 1976 年人均粮食占有量只有 614 斤，与 1956 年一样多。农民还要交公粮，不够吃。不平衡，是说全国粮食生产增长率是 2％，有 6 个省只增长了 0.7％。不全面，是说，我们不光粮食不行，粮棉油糖都不够，都要进口。大家认为这四条总结得很好，把当时农业的情况说透了。

第二个是普及大寨县的问题。1976 年第二次全国农业学大寨会议上定了 6 条标准，可没有得到有效坚持，出现了很多假大寨县。会上统计，全国共有 439 个大寨县，真正可承认的大寨县是 76 个，学大寨先进县是 271 个，此外，不够标准的有 86 个，还有假的是 6 个。6 个假大寨县里甘肃就占了 3 个，安徽 1 个。我印象较深的是两个县：甘肃礼县和安徽利辛县。这两个县，那么多人逃荒要饭，能是学大寨先进县？所以会上强调，一定要坚持标准，不能假学。

第三个是"一批两打"问题。既批"四人帮"，又打击阶级敌人的破坏活动，打击资本主义势力的进攻。当时批评，有些地方动作太"软"，总体感觉是打击力度不够，很多地方基层干部问题没有揭露出来。

第四个是整党整风问题。很多地方就是走过场，很多群众不满意的干部也不检讨，还是继续干。

第五个是工作队问题。130多万人，有的地方不坚持，早早地就撤了。会议提出，必须要坚持，不能撤。

第六个是干部参加劳动的问题。当时提出的要求是"一二三"，即：县委书记一年要劳动100天，乡镇干部要劳动200天，村干部要参加劳动300天。这是陈永贵提出来的标准，也是昔阳县的一条重要经验。实际中，谁都做不到。

第七个是分配问题。主要有三个问题，一是增产不增收；二是多劳不多得；三是分配不兑现。增产不增收，就是说成本高了，增产不注意节约，比如浇水，浇一遍就够了，却浇三遍四遍，甚至八遍，小麦都快收了还去浇水。多劳不多得，当时实行标准工分，学大寨的工分，大家都叫它大概工分，不能体现多劳多得，按劳分配，缺乏有效激励，老百姓普遍没有积极性。分配不兑现，说了该分几块钱，结果没钱给你分。

农林部当时作过统计，全国500多万个生产队，超支的占三分之一，这意味着有近170万个生产队不分现金；人均纯收入在40元以下的占四分之一。

第八个是所有制问题。第二次全国农业学大寨会议就提倡要向大队核算过渡。推动这件事，陈永贵很积极。农林部当时并不赞成。毛主席提出的政策是，人民公社是"三级所有，队为基础"，这个"队"是指生产队。毛主席说等合作社将来发展起来，就过渡到以大队为核算单位，最后再过渡到以公社为核算单位。人民公社是政社合一的，等公社统一核算以后，就变成了社会主义的全民所有制，再发展就是共产主义的全民所有制。毛主席制定了这个发展路子。陈永贵就特别积极，老喊着要搞过渡。没有达到那个条件也要过渡，老百姓就叫这是"穷过渡"。所以那时候啊，别的都好，就是这条。当时全国70多万个大队，以生产大队作为核算单位的占7%。其实，相当部分是不合格的，都是强迫的结果。可那次座谈会上，陈永贵还是比较积极，提出目标，到今冬明春，也就是1978年春要达到10%。由于会上很多人不赞成这个指标，陈永贵很恼火，就说西单大楼闹地震（当时农林部在西单大楼办公，就是现在供销社那个楼）。

另外研究的三个问题，分别是农田基本建设问题、农业科技问题、农业机械化问题，都没有什么大的实际内容。

关于农业机械化问题。会议提出要求到 1980 年基本实现机械化，这实际是早在 1976 年就提出来的。大家在会上讨论，只剩下两三年，怎么能够实现机械化呢？可是这个口号是毛主席提出来的，当时谁也不敢改啊。所以会上就说要基本实现机械化。"基本"是什么程度？谁也不知道。

在会议进行中，华国锋、李先念、纪登奎等三位领导同志不时有意见传达。他们三位没有亲自到会，但提了不少意见。我知道的，其中有一条关于过渡到大队核算，他们一致认为这件事要慎重，一定要稳，不要搞得太快。说到底，他们三位是不赞成的。负责接收领导意见的是当时农林部常务副部长杨立功。每次都是国务院办公厅给他打电话，传达三位领导同志各自对报告和这次会议的意见。

这次会议就是讨论的这些问题，每一个问题都形成了专题报告。最后把这 11 个问题汇总起来写成了一个报告，并报送中央。中央后来批转了这个报告。

到 1978 年 5、6 月份，我感觉农业学大寨的运动就越来越不行了，一个表现就是不少人都对陈永贵那一套有意见了。真理标准问题讨论，也就是在那个时候提出来的。整个社会舆论就开始起来了，对学大寨这一套就有点儿看不惯了。

当时农林部有 30 多位副部长，部里总共只有十几个司局，两个部长管一个司，还有副部长分不到。有些副部长干脆就不分管司局，天天开会，配合当时总体工作——抓平反。

很多领导干部心里也明白，包括我们农林部的同志，看来这个气候要变了。这也是明摆着的，标准问题的讨论，就是要把毛主席的"文化大革命"那一套变了，实际上就是要纠正毛主席的错误。

大概从 1978 年底 5 月开始，我们就转入到筹备十一届三中全会的工作中了。

学大寨运动慢慢减弱了。到 1978 年底，中共十一届三中全会召开。会议开的时间很短，但之前的工作会开了近一个多月。最后两天才叫三中全会。按照之前筹备情况，会议议题主要有两个：一是关于农业发展；二是关于人民公社六十条。结果会上根本没讨论这两个议题，就"吵吵"开了，开始批"文化大革命"了。所以，三中全会原来准备的文件也用不着了。

结果，三中全会公报一发出来，完全不是原来准备的那些东西。我们原来准备农业学大寨还是按照旧的一套，要普及大寨县，要以阶级斗争为纲。发出的三中全会公报，农业学大寨就变成了其中的一句话。这下，大家明白了，这事不能这么整了。那些早就对学大寨运动有意见的人就更上劲了，到处批判农业学大寨运动，说那是贯彻了"四人帮"的极"左"路线。

陈永贵站出来进行抗辩。他也得到了一部分支持，特别是山西省昔阳县出来的一帮干部。他们那帮人有个特点，就是以大寨划线，谁要是反对大寨，就是阶级敌人，就要批判斗争。反大寨舆论起来了，他们就拼命反抗，天天开会进行"对骂"。

这种情形一直持续到了 1980 年。有一天，具体日期，我也记不清了，反正那时国家农委已经成立了，杜老（杜润生，时任国家农委副主任）跟谢华、刘堪等我们几个老写文件的人说，看来对农业学大寨要有个总结，不然我们老家的人不服，老在那儿闹啊。杜老是山西人。当场就指定了谢华主抓这个事儿。

三、山西省委的检讨

总结学大寨运动这件事，虽然杜老没有说，但我判断中央领导指示杜老做这事，并不仅是杜老个人意思，而且还明确告知这件事应该怎么做，就是先由山西省委自己写一个总结，然后由中央来批转。当然，具体操作还得国家农委来。

为此，1980 年 8 月中下旬，山西省先是召开了一个省委扩大会议，开会学习了大半个月。从这个情况，也可以判断，这件事绝对不是杜老一个人的意见，一定是中央部署的。国家农委来抓这件事，但不是由农委来写这个报告。山西省委自己作总结，实际上就是让他们作检讨。

山西省委最后还要将这个总结写成报告，上交中央。总结内容重点是对学大寨怎么看、有什么经验、教训、错误等等。为撰写这个报告，山西省委跟国家农委来来回回沟通了很多次。报告虽是仅以山西省委的名义发出，自始至终都是山西省与国家农委一起在做。同时，中央写了批语，批转了这个报告，这个批语是在杜老的布置下，谢华牵头起草的。

那份报告很长。核心一条就是，山西省委承认在学大寨运动中贯彻了极"左"路线，承认山西学大寨运动的错误责任在省委。报告否定了农业学大寨运动，提出要吸取教训。

起草山西省委报告过程，农委的少数几个人也议论过，我也参加过几次。

首先，就是定性问题。先是肯定大寨原本是一个好的典型，但在"文化大革命"中成了推行极"左"路线的典型。因为大寨变成了山西省委推行极"左"路线的一个典型，那么整个学大寨运动，就离开了正确的方针、路线、政策。没说是全国，因为山西省委不能批评全国。那时候写这个可费脑子了。所以最后山西省委的报告，文字是一字一句、反反复复地抠。报告最终是这么说的，大寨的确是山西农业战线上的一个典型，是一个先进单位，是山区建设的先进典型。但是"文化大革命"中，大寨就变成了农业战线上推行"左"倾路线的一个典型。报告是这么定性的。

其次，既然说大寨是推行"左"倾路线的一个典型，那么"左"表现在几个方面？最后归纳成三条。报告是这么说，大寨昔阳经验中"左"表现在经济、政治、思想、组织、作风等各个方面，但最集中的是所谓的三条基本经验，即大批修正主义、大批资本主义、大干社会主义，简称"大批出大干"。后面还有一句，这三条根本经验归结到一点，就是坚持了无产阶级专政下继续革命的理论。"文化大革命"就是在错误理论指导下，错误发动的。这个错误理论就是指"坚持无产阶级专政下继续革命的理论"。这实际就是否定了十年学大寨运动。

讨论中，大家议论，光那么讲，还是不具体。大家又讨论，开始认为具体表现可以归结为四条。一是不断地人为地制造阶级斗争，形成阶级斗争扩大化，把许多干部群众当成阶级敌人进行残酷斗争、无情打击。讨论这个问题时，山西的同志就讲，山西搞"文化大革命"时，陈永贵先是夺了昔阳县的权，后来又夺了山西省的权，当上了山西省革委会副主任。还有，就以大寨划线，提出不学大寨就是走资本主义道路，反大寨就是反社会主义，就是阶级敌人，批斗了很多干部。那时候陈永贵就划线，支持他就是正确的，不支持他就是错误的。二是不断变化生产关系，搞"穷过渡"。三是大批资本主义，不断割资本主义尾巴，把农贸市场都搞掉了。

四是不断搞平均主义，实行大寨工分。后来又给加上了一条，就是在"分配方面不断限制和剥夺农民"。这个七斗八斗也是对农民的剥夺，实际就是使用强制手段进行剥夺。

山西省委总结错误有五条。一是提出不但要学大寨的根本经验，还要学具体经验。具体经验，就是大概工分、"穷过渡"那一套。二是要求各行各业都学大寨。三是把学大寨运动和各种政治运动混在一起。四是把昔阳的干部大批调到其他县市任职。第五是对大寨、对昔阳做了特别照顾，就是贷款等各种支持。

最后是教训。

当年 10 月 21 日，山西省委向中央提交了报告。

四、中央的批语

讨论写批语，我参加了几次。我总觉得，大寨的大干基本农田建设这件事，很好，应该反复强调，可以多说几句。具体讨论时，大伙觉得，山西省委的报告已经把学大寨运动的性质和错误内容都写了，就不要再写了，应该主要从中央、从全国的角度看说些什么，而且着重说说教训。

从全国推行农业学大寨运动的角度，如何总结教训，批语应该讲清楚。

批语主要说了两件事。

一件事是明确责任。批语这么说，在山西省内推广大寨经验的错误以及由此造成的严重后果，山西省委已经承担了责任。就全国范围来说，主要责任在当时的党中央。我记得，讨论这句时，有同志提出，"党中央要不要加负责同志"，或是"主要负责同志"，"要不要明确哪几个人"。当时华国锋还在台上，加"主要负责同志"，不就是在批评华。有同志就讲，那不行吧，相关文件是党中央发出的，总不能只拉一个人来负责吧。但最终还是点了陈永贵的名。批语这么写："文化大革命"以来，在大寨和昔阳县推行"左"倾路线以及由此造成的严重后果，主要应由陈永贵同志负责。对于陈永贵，中央还是有所保护的，明确了一点，不要登报点名批评。陈永贵下来后，中央安排他到中阿友谊农场（也叫中阿友好公社）当顾问。

另一件是按照十一届三中全会的精神，要把教训讲清楚。究竟有什么教训，要拔高点，而且这些教训要长久管用。总结教训是最费劲的，我们五六个人天天议。讨论来，研究去，整了很长时间，总结出了这么三条教训。一是正确对待先进人物和先进典型。主要讲，抓工作要搞先进典型，要有先进人物带动。但先进人物、先进典型随着发展会变化，所以"要努力从政治上、思想上给予正确的指导，尽可能使其避免失去先进性以至垮台。"二是正确对待先进技术经验和经营管理经验。批语讲，"任何先进技术经验和经营管理经验中，都必须同当地农民的经济利益联系起来，重视经济效果，在农民自愿接受的基础上，经过试验逐步推广"。三是正确对待和使用模范先进人物。我们需要用模范先进人物，但不是都非得让他们当官啊。

1980 年 11 月 23 日，中共中央将这个批语与山西省委的报告一起发出，"农业学大寨"运动就此画上句号了，从此就没争论了。

山西省委扩大会议结束之前，昔阳的那些干部都已换掉了。当地也没打击哪个，抓哪个，批斗哪个，就是给换掉了。

持续十年的农业学大寨运动，过程轰轰烈烈，最后这么收场。

五、我的几点看法

对农业学大寨运动，我到现在还是有些看法。

一是大寨有其值得学习的地方，但其并不是无所不先进。之前我去过大寨好多次，每次农业学大寨会议我都参加了，对其情况还是比较了解的。我觉得，在"文化大革命"前，大寨确实是好的，艰苦奋斗，特别是受到自然灾害以后，靠着自力更生，硬是发展起来了。这些值得学习。在当年那个经济社会历史条件下，大寨绝对称得上是典型。还有，大寨老劳模中，有很多人确实是很不错的，像当年的老英雄贾进才、铁姑娘郭凤莲。

二是搞建设要遵循经济社会发展的规律，不要搞"运动"。农业学大寨运动背后是发展农业的需求，农业生产有其内在的各种规律，搞"运动"短期内能取得一些成效，但长期来看，不但会发生偏差，而且会存在超前发展现象。后期的农业学大寨运动中，就出现了一些不顾各地实际条件，设定过高发展目标的事。

三是农业学大寨不能政治化，也就是绝不能与政治运动搅在一起。但后来，特别是在"文化大革命"中，把农业学大寨运动与当时的一些政治运动结合到一块，就变味了。这时不管有个什么口号，大寨都能对得上，而且都是先进的。这样大寨成了无所不先进。其实大寨完全是在编造一些东西。比如说，第一次全国农业学大寨会议提出批判五种人，就讲昔阳县之所以能搞得好，就是因为批了那五种人。比如我之前讲到的那位张老太，革命根据地斗争时期是位英雄，可最后就根据现实需要硬是把他定成了反面人物。到批邓反击右倾翻案风，又抬出大寨经验。当时社会上一搞什么，大寨就有经验。有些事大寨压根就没搞过，但是还是硬往那里说。

农业学大寨运动与一个人密不可分，他就是陈永贵。农业学大寨运动因他而兴，他则因农业学大寨运动而起。当然，最后结局也是农业学大寨运动和他一起"沉沦"。对陈永贵，我很是尊敬，因为他毕竟是位农民。但后来他就膨胀了，成为了一个政治人物，还当了国务院副总理。也正是因为他有了这种地位，将农业学大寨运动引向歧途，直至最终被历史所否定。细一想，实际也怪不得陈永贵，是历史要他这么做，是历史的悲剧造成了他个人的悲剧。后来我还去大寨看过陈永贵的墓，给他鞠了三躬。

总之，对农业学大寨运动的评价，我完全赞同中央那个批语。

现在回过头看，农业学大寨运动作为历史的一页已经翻过去了。关键是吸取教训，要正确对待先进典型，要正确对待先进人物。事实上，整个农业学大寨运动，确实是贯彻了极"左"路线。讲"大批出大干"，批修正主义，批资本主义，其实也分不清什么是修正主义，什么是资本主义，可把当时人民公社六十条很多好政策都给批了。这些与老百姓的真实需要，和农民的想法差得太远，其中很多东西根本不是农民所想的。农民当时想法就是一条，吃饱肚子。还有，运动中认定某种现象是属于资本主义的，就非得找个人当代表，然后就拉去批斗。典型的方法就是找个地主富农，说是阶级敌人的猖狂进攻，其实是农民自发搞的，批那个人其实就是批大家，就是与农民对着干。根本原因是当时整个大路线走错了，所以过程中出现这些那些具体问题更是在所难免了。坦率地讲，我早就心知这些情况了。所以，1977 年年底我去仁寿驻村时，坚决不干这些事，不去找阶级敌人代表，不与农民对着干。我所驻的生产队旁边就有个黑市，早上三四点钟，天还不亮，就会集中一帮人卖粮食。当时很多农户都没饭吃，只得将家里的桌椅板凳卖了，再来买粮食。我就当不知道，不管这事。相邻的第四生产队则不然，队里的老百姓拿自己种的生姜去卖，就说成是搞资本主义，就狠批这些老百姓。我当时实在想不通，这怎么就是搞资本主义？不管农民愿意不愿意，非要赶着他们走，遇到农民反抗，就用抓个阶级敌人来斗争的办法去压制农民。农业学大寨运动也是惯用这个方法，为强行推行一套主张，变着法找出几个代表来批判，农民其实一点也不接受。因为农民不接受，都会以失败而告终。

链接资料五：

中共中央转发山西省委关于农业学大寨运动中经验教训的检查报告的批语

各省、市、自治区党委，各大军区、省军区、野战军党委，中央各部委，国家机关各部委党组，军委各总部、各军兵种党委，各人民团体党组：

山西省委总结了大寨大队从农业战线的先进典型变成执行"左"倾路线的典型的经验教训，批判了省委过去在这个问题上的错误。中央认为，这个检查报告的基本精神是好的。现将报告转发给你们，请在县委召开的农村干部会议上传达、讨论，认真总结一下学大寨和三中全会以来的农业战线上的经验教训，以利于进一步肃清农业战线上"左"倾路线的影响，更好地贯彻执行三中全会以来中央制定的各项农村政策，包括最近在中发〔1980〕75 号文件中规定的政策。

一、"文化大革命"以来，在山西省内推行大寨经验的错误以及由此造成的严重后果，山西省委已经承担了责任。就全国范围来说，主要的责任，在当时的党中央。应当指出，全国各地学大寨的农业先进典型绝大多数在生产上、建设上都是有成绩的，有贡献的。同样，大寨和昔阳县的绝大多数干部和群众，在农业战线上也做出过贡献。"文化大革命"以前，大寨的确是农业战线上的先进典型。周恩来同志所总结的大寨的基本经验以及这些经验在全国的推广，也曾经起过积极的作用。"文化大革命"以来，在大寨和昔阳县推行"左"倾路线以及由此造成的严重后果，主要应由陈永贵同志负责。中央希望大寨和昔阳县的干部和群众，在实事求是地批评陈永贵同志的错误（不要登报点名批判），认真地总结经验教训以后，恢复过去自力更生、艰苦创业的好作风、好传统，结合自己的实际，切实贯彻执行党在三中全会以来制定的各项政策。只要振奋精神，和农业战线的其他先进典型取长补短、互相促进，大寨和昔阳就不但能够恢复过去应有的荣誉，而且一定可以取得新的进步，同其他先进典型并驾齐驱，为祖国社会主义建设做出新的贡献。

二、表扬先进人物和先进典型，一向是我们党推进各项工作的有效方法之一。但是，必须坚持辩证唯物主义的思想路线，实事求是地把任何先进典型都看做是群众集体智慧和辛勤劳动的产物。历史已经证明，人为地树立先进典型，最终没有不失败的。先进典型，同其他事物一样，是不断地发展和变化的。对于先进典型，我们当然要努力从政治上、思想上给以正确的指导，尽可能使其避免失去先进性以至垮台，但是当它们的主观和客观条件发生了重大的变化，以致不再继续成为先进典型的时候，就不应当人为地去"保"，更不允许滥用职权，动用国家财力、物力和人力去支撑所谓"先进典型"的门面，甚至弄虚作假，欺骗上级，欺骗舆论。那种把先进典型的经验模式化、绝对化、永恒化的做法，是错误的，有害的。宣传和介绍先进典型，一定要说真话，不要讲假话。那种只让人看几个事先安排好的点，只讲甚至夸大先进一面，隐瞒落后一面的做法，是很错误的。这类误人害己的事，已经很多，今后务必要引为鉴戒。我国农村地域辽阔，各地自然条件、生产情况和耕作习惯千差万别，经济发展水平也很不相同。而且，为要全面地进行农村建设，不仅要发展农业建设，还要发展林、牧、副、渔各业，发展工业、交通运输业、商业以及文化、教育、卫生等等。各个地区、各个方面的工作，都要发现、培养各种各样的先进典型。某一地区的实践证明确实是先进的、有效的经验，在其他地区推广，就不一定是或不一定完全是先进的、有效的。因此，在推广先进经验的时候，必须分析它是在什么情况下产生的，适合于哪些条件，哪些是带有普遍性的东西，哪些是不带普遍性的具体做法，绝对不能生搬硬套，强迫命令，重犯过去农业学大寨运动中的错误，不分东南西北，不分自然条件和耕作习惯，用大寨这样一个典型的经验硬性指导农村所有地区和不同行业的各项工作。同时，对先进典型也不要提不适当的、过高的要求，以免助长弄虚作假。要一分为二，经常指出不足之处，使他们不断进步。总之，要实事求是，因地、因事、因时制宜，分类指导，并且由群众当家作主、做出决定。

三、任何先进技术经验或经营管理经验，都必须同当地农民的经济利益联系起来，重视经济效果，在农民自愿接受的基础上，经过试验逐步推广。切不可用一阵风的运动方式一哄而起，更不得乱扣政治帽子，采取行政压制等手段。例如，农业建设还是要搞的，但是必须量力而行，坚持自愿互利的原则，讲求实际效果，不搞形式主义。今后各级领导机关和干部，凡未经群众同意，采取强制手段，搞瞎指挥，造成重大经济损失者，农民有权要求司法机关根据法律判处有关负责者给予一定的赔偿。

四、表扬和宣传在创造先进经验方面做出贡献的先进人物，从中发现、培养干部，也是我党推进工作的有效方法之一。劳动模范不仅是从群众中产生的优秀分子，而且由于他们往往在生产技术或生产管理方面有所革新和创造，因而也是先进生产力的代表。他们理应得到党、群众和社会的尊敬。"文化大革命"期间，林彪、"四人帮"打击劳动模范的做法，已经得到纠正。但是，一成为劳动模范，就一定要当从下到上的各级党代表、人民代表或其他代表，一定要担任从下到上的几级党政机关或群众团体的领导职务，事实证明，不仅会使一些劳动模范自己骄傲自满、脱离群众，而且会使他们陷入自己的能力和精力无法应付的会议、报告和各种政治活动中去，无法再起劳动模范的作用。这种做法，害了一批劳动模范，也给党的工作带来不应有的损失。今后我们还应当而且需要从劳动模范中选拔优秀干部，同时也要负责地对他们进行培养和教育。五十年代我们把一批文化水平比较低的劳动模范抽调出来进工农速成中学，又从中选一些学得好的同志进大学，受正规教育，曾经收到良好的效果。后来我们把这套做法丢掉了。现在，我们要接受正反两方面的经验，使培养劳动模范、培养工农干部，有一套完整的、切实可行的制度，并且坚持下去。让劳动模范担负一定的领导职务，一定要考虑到，使这种职务同他的能力、水平相适应，不要让他们担任不能胜任的领导职务，更不应当一步登天，提得太高。对于应当提拔的劳动模范，必须坚持一人一职的原则，例如当了党代表的，就不要再当人民代表，担负了基层领导职务的，就不要再担负县级和县级以上的领导职务，不要使他们上下左右兼职，脱离劳动，脱离群众，以至不能继续发挥劳动模范的应有作用。请各地收到这个文件以后，检查一次劳动模范工作安排的情况，按照上述原则适当地加以调整。劳动模范本人所属单位和上级领导机关，都要切实保证执行这些原则。这些原则同样适用于工业、交通、财贸、文教、科研等单位中间的有成就的先进人物和专业人才。

一九八〇年十一月二十三日

1978 年 12 月 18—22 日，我们党在北京召开了十一届三中全会。全会结束了粉碎"四人帮"之后两年党的工作在徘徊中前进的局面，实现了建国以来党的历史的全局性、根本性伟大转折。这次全会也深入讨论了农业问题，通过了两个重要的农业文件——《中共中央关于加快农业发展若干问题的决定（草案）》和《农村人民公社工作条例（试行草案）》（简称"农业六十条"）。因为不久之后，我们国家就启动了"政社分开、建立乡政府"的改革，短短几年内人民公社就没有了，所以"六十条"的事段老没有多说。这次段老重点讲了这个"决定"出台的始末。关于这个"决定"，三中全会上只是"原则通过"，而且还是"草案"稿。所以，当时官方的说法是"同意将《中共中央关于加快农业发展若干问题的决定（草案）》和《农村人民公社工作条例（试行草案）》发到各省、市、自治区讨论和试行"。这个草案后经修改，又经四中全会表决通过，于 1979 年 9 月才正式发出。

第十篇 《关于加快农业发展若干问题的决定》出台始末[①]

一、在农林部的起草过程

老实说，我没有参加真正的起草工作，但我参与了一些事，同时因为工作缘故，也有机会听到、看到一些情况。

"文化大革命"结束后，研究室的很多外放干部回到了农林部。研究室一下有了好几十口人。那时开会，都是研究室的领导或老同志记录，我是小年轻，基本就打打杂。

起草工作名义上是在农林部，实际上是纪登奎（时任国务院副总理）组了个小班子在整，农林部有几位同志参加了，主要是我们研究室的谢华（时任农林部政策研究室主任）、刘堪（时任农林部政策研究室副主任）。

---

① 原题是"1979 年《关于加快农业发展若干问题的决定》出台始末"，分上、下两篇分别发表在《农村工作通讯》2015 年第 12、13 期。

研究室的裴润（时任农林部政策研究室副主任）有没有参加，我不清楚。方法基本是，农林部先起草，再交给纪登奎；纪登奎让他们的小班子改；改完拿回来再改。这样反复若干次。

农林部没有正式成立文件起草小组，文字工作主要是刘堪承担。

农林部的起草过程主要做了这么几项工作。第一是准备材料。什么时候启动这项工作，谁布置的，我不知道。我知道这事是在 1978 年 4 月份的一天，刘堪在政策研究室说，中央要出个"加快农业发展"的文件。为起草好这个文件，他就布置了一个工作计划，第一项就是准备材料。当时一下就列出了三十多个需要准备的单项材料，涉及农业方方面面。第二是召开座谈会。请农口各个部门负责同志来座谈，听他们讲情况，谈想法。后来扩大到农口部门司局级，让他们来汇报情况。还请来了财政、计划、银行、信用、商业等其他涉农部门的同志，专门搞研究的一些大学教授，地方的一些老同志谈，特别是还请来专门研究国外农业的同志介绍国外农业的情况。整理材料，起草稿子，召开座谈会，这些事都是同时展开的。

起草稿子都是刘堪负责，我当时没参加，所以基本看不到。稿子一共多少稿我不清楚，最后 12 月份上全会的稿子是什么内容我也不知道。但由于种种机缘，我先后见到三个稿子。那时我和张云千在一个屋办公。我们又与刘堪很熟，之前写材料又总在一块儿，所以刘堪写这个稿子会不时让我俩校对一下。我猜测，实际上刘堪是以这种方式让我们俩学习学习。我现在之所以还能讲讲这事，对稿子还能有点印象，多亏了刘堪这位老领导。

我看到的最后一稿是（1978 年）9 月中旬的。这离全会前的工作会议还有两个多月。这期间是否有新的稿子出来，我就不知道了。那个稿子出来之后，就送给了纪登奎，好像还代他起草了一个"说明"。

我参加了背景材料的整理工作，主要负责是三方面材料：一是农民收入问题；二是农业机械化问题；三是农村信贷问题。关于农民收入和农业机械化，地方都有历年的相关数据，各种统计资料比较齐全，所以完成起来比较快，通过起来也比较顺利。

对我而言，整理农村信贷材料是很困难的一件事。我参加工作后，从来没接触过信贷方面的问题。怎么办？我只好去找人民银行农村金融局。我拿着研究室介绍信去了农金局，给我介绍情况的是肖冠中。我记得，他当时是农金局的局长，后来他当了恢复的农业银行的副行长。我前后共找了他三次。第一次，他给我介绍农村金融情况，包括农业银行历史沿革，怎么分出来，怎么撤销、合并，当时农业贷款有哪些种类，利率怎么样，就是这些事。因为过去没接触过这些东西，大学里又没学过农村金融，所以我听不大懂。第二次，谈的时候，肖冠中就显得不耐烦了。他说，农村金融的事是"内行说不清楚，外行听不明白"。看到这种情况下，我很担心，万一他真不配合，就拿不到想要的材料，得想个办法，调动他一下。我们那时找部门要材料有个规矩，就是不让说具体用作什么，只能笼统地说"搞个文件"。为了让他知道这个事的重要性，我就跟肖冠中透露了一点，说，中央要搞个文件，要说说农业贷款的事，说不定还会涉及机构方面的事情。他一听，兴趣就有了，原来这不是一般搞研究的人了解材料，竟还有这么大的目的。他自然巴不得恢复农业银行。第三次去，他一下子就讲了一个半钟头。末了，他还要我过几天再去一下，说要整个文字材料给我。后来，他自己动手写了份农业贷款的材料。农业银行的来龙去脉、几十年怎么变化的；农业贷款有哪几十个专项，长期贷款有哪些，短期贷款有哪些，各个贷款的规模、利率又各是多少……总之，一大套的事，整理得很详细，很清楚。我把材料拿回来，压缩一下就交上去了。领导看完很满意，也顺利通过了。我心说，这都不是我整的。他们还说，小段还懂农村金融呢！实际我当时是根本不懂。有了这次经历，我也提醒自己，以后要注意学习农村金融的知识。为此，还真下了不少功夫。这才有了再后来，我能在中央农村政策研究室农村金融研究上独当一面。总体来讲，关于起草工作，我就做了这么一件事。

我见到的三个稿子，第二个稿子我已记不清了，第一个和最后一个我印象很深。第一个稿子写了十三条，第三个稿子变成了十六条。

总的来看，几个稿子基本还是沿袭了"农业学大寨运动"那一套。那时正是1978年下半年，工作会议还没有召开，社会上虽有关于真理标准的讨论，但人们的思维基本还停留在原先的阶段，还是"阶级斗争为纲"、"农业学大寨"那一套。现在想起来，当时的几个稿子基本就是沿袭了那一套，就是要坚持以阶级斗争为纲，坚持学大寨，深入开展农业学大寨普及大寨县的活动，当然也有些变化。比如，农业学大寨县怎么抓法？根本经验有所升华，过去讲"一批二干三带头"，就变成了在农村开展"一批两打三整顿"。"一批"就是继续深入批判"四人帮";"两打"就是"打击阶级敌人的破坏活动,打击资本主义势力的猖狂进攻";"三整顿"就是"整党整社整风"。其实,从 1977 年下半年起,就改成这个口号了。这就是文件的基本精神,也成为文件的基本指导思想。文件也提出了很多具体措施。可以说,后来的三中全会(原则通过)、四中全会通过的决定里提出的具体措施都是那个时候提出来的。

农林部在起草过程中,大家很强调几件事情:一要增加投入;二要提高粮食价格;三要发展农工商一体化;四要发展社队企业。这些也是在每次座谈会上大家都普遍反映的。我记得,当时的稿子还建议国务院成立个社队企业管理总局,由农林部代管;还有建议说,要搞农工商综合体。当年有不少同志到国外考察,特别到南斯拉夫考察,看到那里的合作社与其他社会主义国家很不一样,是农工商综合一体的,经营效果很不错。在南斯拉夫,农工商综合体缩写是 B. K. B.,用他们发音是"BAIKAOBAI",为了更容易称呼,大家都叫成"背靠背"。包括领导同志都讲"背靠背",讲这是农业发展的一条出路。怎么搞"背靠背"?就有一条说要把供销社下放到人民公社。有了供销社,加上有社队企业,再加上生产队的农业生产,不也就成为"农工商一体"了。这条好像三中全会的草案稿还有,但四中全会正式发出时没有了。

十一届三中全会怎么讨论这个文件,我不知道。在三中全会之前召开了一个工作会议。以前,中央开全会前,都会开一个 10~20 天的工作会议,通常就是预备会议。工作会议期间,就开始拨乱反正,把工作重心转到经济建设上来。此外,对彭德怀同志、"天安门事件"的平反,也是在这个会上定的。这次会议是我们国家的一个伟大转折。

会议进行之时,还出了一个"西单民主墙"事件。会议上讨论的一些事,在西单被用大字报讲出来。我看了,很惊讶。怎么一下子冒出这些情况?最后三中全会发出来的稿子与原来的稿子也大不一样,基本是重新改写。我没参加会议,也没到会场服务。据我所知,我们研究室也没人参加会议,所以三中全会上的稿子究竟怎么改的我不清楚。我是陆续地听刘堪讲了一些情况。稿子在提交三中全会前,在工作会议上就发了,大家对稿子都很不满意,说稿子基调与工作会议精神很不一致了,但华国锋主席坚持按工作会议精神整理出一个稿子来,开全会时把文件拿出去,哪怕是原则通过,以后再修改也行。听刘堪说,当时是胡乔木夜以继日地改了三天,才改成了。我们研究室是一点没参加。

三中全会原则通过了那两个稿子,决定(草稿)和"农业六十条"。我们拿到发出的稿子一看,完全不一样。与我看到的第三个稿子相比,这个决定(草稿)体现了三中全会精神,体现了工作会议精神。原来是十六条,现在改写成了四大部分。第一部分,统一对农业的认识。特别是系统地总结了七条经验。基本是把农业形势分成两段,1958年以前比较好,1958年以后就出事了,同时把农业问题的严重性说出来了。第二部分,当前要实行的二十五条措施。二十五条措施,原来的写法是既有当前的措施,又有规划的内容,决定(草稿)把它拆开,把部署性的东西和规划性质的方针指标全部放到第三部分,把措施拆开一个一个写,变成了二十五项措施。第三部分,现代化的部署。第四部分,加强领导。原来只有一条,现在写成几个部分。

二、三中全会通过的决定(草案)

三中全会原则通过了《关于加快农业发展若干问题的决定(草案)》。这个决定(草案)与之前的稿子最大区别就是,把农业的事说得完全不一样了,特别是系统地总结了七条农业发展的经验教训。

关于农业形势:"从我国农业现状来看,农村生产力水平很低,农民生活很苦,扩大再生产的能力很薄弱,社会主义农业经济的优越性还远远地没有发挥出来"。这对农业的形势分析是比较实事求是的。

关于经验教训,一共七条:(一)我们一定要长期保持安定团结的政治局面;(二)为了保持安定团结,一定要正确地认识和处理农村以及全国范围的阶级斗争;(三)我们一定要集中力量抓好农业技术改造,发展农业生产力;(四)我们一定要持续地、稳定地执行党在农村现阶段的各项政策;(五)我们一定要坚定不移地执行以农业为基础的方针;(六)我们一定要正确地、完整地贯彻执行"农林牧副渔同时并举"和"以粮为纲,全面发展,因地制宜,适当集中"的方针;(七)我们一定要加强对农业的合乎客观实际的领导。可以说,经验教训非常有针对性,就是讲过去哪些做得不对,但文件是从正面说,而且"一定要"怎么做。在学习过程中，大家一致反映这七条经验提得非常好，都说到根上去了。基本把农业学大寨运动那一套给否定了，对农业解放思想起了极大的作用。

文件提出的一些措施，对 20 世纪 80 年代的农业发展甚至以后的农业发展都发挥出了很大推动作用。政策措施一共是二十五条。我重点讲三个方面。

第一方面，关于人民公社的政策。一是坚持人民公社的基本体制不要动；二是尊重人民公社生产队自主权，逐步取消对它的指令性生产计划，扩大它的生产自主权，不准随便抽调它的劳力、财产和产品；三是贯彻实施按劳分配原则；四是要保护农户家庭的自留地，讲它"是社会主义经济的必要补充部分，不能当做所谓资本主义尾巴去批判"；五是不要搞"穷过渡"。明确提出，"不允许在条件不具备时，匆匆忙忙地搞基本核算单位的过渡；条件具备的过渡，要报省一级领导机关批准"。实际上就是不让搞"穷过渡"。这一条在之前的稿子上，讲的是"积极稳妥地过渡"，基本是贯彻了陈永贵的思想，给人感觉是积极的态度。这五项政策，农民看了后拍手叫好，"这下解决问题了"。

第二方面，关于国家和农民利益关系。为理顺国家与农民之间的利益关系，决定（草案）出台了好几项重大政策。一是提高粮价。对统购部分的粮食，提价 20%；超购部分在提高 20% 的基础上再提高 30%，也就是提高了 50%。需要说明的是：农林部原来起草的"只是超购部分提高到 50%"，没有说"统购提高 20%"。不管怎样，这下粮食就值钱了！农民种粮积极性一下就被调动起来了。我个人认为，后来粮食之所以能实现连年大幅增产，除了实行家庭联产承包制度外，这也是一个重要的原因。二是稳定粮食收购指标。严格规定"绝对不准收过头粮"。之前，按照粮食征购政策规定，生产队不管生产多少粮食，先把国家的征购任务完成。生产队被征购后，人均口粮不能达到一定标准的，国家再将粮食返销一部分。当年，有 30% 的生产队需要返销粮。决定（草案）规定"水稻地区口粮在四百斤以下，杂粮地区在三百斤以下，一律免购"。这样，当时全国就有三分之一的生产队可以不交粮了。城里粮食不够怎么办？扩大进口，进口粮食。这也是在三中全会上讨论提出来的。过去毛主席批判进口粮食是修正主义，所以之前没有进口粮食。允许粮食进口，可以让农民休养生息。三是工业品销售价格五年之内要下降 20%。这就能有效缩小工农产品剪刀差。四是增加农业投资。农林部提交会议的稿子写的是，要把农业投入在整个基本建设投资中的比重从之前的 8%～9% 提高到 20%，后来三中全会通过的稿子改成 18% 左右。不过，需要说明的是，这一条我们始终没做到，总体来讲也就维持在 10% 左右。这也不能不说是件令我们搞农业的人感到遗憾的事。另外，之前的稿子还规定，农业投资占财政收入的比重，中央不少于 20%，地方不少于 70%，地方财政收入 70% 用于农业。最后也不了了之，只是笼统地讲"地方财政收入应主要用于农业和农用工业"。五是增加贷款。提出"从现在起到 1985 年，要比过去增加一倍以上"。也就是五年时间要翻一番，在当时的条件下提出这个目标是需要很大的决心和勇气的。同时，提出"要有计划地发放专项长期低息贷款或微息贷款"，三年五年，八年十年，甚至到 20 世纪末。这条也没做到。还有就是决定"恢复农业银行"。这条后来做到了。农业银行 1950 年首次成立，可以说经历了四起三落。"三反"运动后期，中国人民银行总行开始精简机构，1952 年 7 月，农业合作银行被撤销。后来，为适应农业生产发展的需要，有计划地支持农业合作化运动，打击直至消灭农村高利贷，1955 年国务院批准建立中国农业银行；1957 年再次被撤销。直到 1963 年，在周恩来总理的建议下，中国农业银行总行在北京正式成立，中国农业银行第三次诞生了。我记得没过多久，1965 年，中国人民银行、中国农业银行两总行党组向国务院和党中央报送了《关于中国农业银行同中国人民银行合并的请示报告》，认为人、农两行分设以后，出现了一些问题，有些工作有重复，增加了手续等等，中国农业银行第三次被撤销了。后来，1979 年国务院发出《关于恢复中国农业银行的通知》。从此，中国农业银行以国家专业银行的身份为开端进入一个崭新的发展时期。恢复中国农业银行是一个很重要的决定。当时的农业银行与现在的很不一样，不是商业性的，贷款由国家按计划发放。农业贷款有很多专项，规模利率是多少都定死了的。

第三方面，关于农机化。毛主席提出了 1980 年要实现农业机械化。按照当时的情况，时间很紧，任务很重。不少同志就很犹豫，这个目标还提不提？要提，怎么提？一位国务院领导同志讲，这（个目标）是毛主席讲的，不仅要保证实现还要尽可能做得好些。所以，农林部提供的《决定》稿子就写上了："中央重申，1980 年基本实现农业机械化这一步不仅要保证实现而且应当尽可能把步子迈得更大一点"。为努力完成这一艰巨任务，实现毛主席提出的目标，就提出了"自己搞农业机械化"，就是组建社队企业，大力发展五小工业，自己生产小农机和化肥等。因为有"地方财政收入应主要用于农业和农用工业"这项政策，所以不少社队企业获得了资金支持，这对社队企业的发展起了很大的推动作用。

要我讲，最起作用就是这三方面的政策措施。

此外，还有其他方面的一些措施。比如，增加化肥供应。三中全会的这个决定（草案）发出后，我们很快引进了十三条化肥生产线，同时五年内将化肥降价了 20%～30%。比如，开荒政策。后来真开了 2 亿亩的耕地。当然，这件事现在有不同的评价。

现在来看，农林部提交三中全会的稿子，在政策措施方面非常有力有用，但基本调子或基本精神与全会很不一致，所以最后全会发出的稿子把精神基调给调了过来，一些具体政策措施给用上了。

值得一提的是，随后我们国家管理农业的部门机构也发生了一些变化。1979 年 2 月第五届全国人大常委会通过决议，一是建立了国家农业委员会；二是撤销农林部，分别成立农业部、林业部、农垦部和农机部。农机部实际是恢复的，之前有过。三是把水利部分成水利部和电力部。根据中央安排，除了农业部、林业部、农垦部、农机部、水利部，再加上中央气象局和水产总局，就是新成立的国家农委管理的几个部门。

三、四中全会前的修改

国家农委刚组建时，从原来农林部政策研究室抽了谢华、刘堪、裴润等十几位同志在林业部院内办公，我也是其中一个。农委主任是国务院副总理王任重。副主任有张平化、杜润生、李瑞山、赵辛初、张秀山、何康等七、八位。张平化是常务副主任，之前是井冈山五个县委书记之一，当过中央宣传部部长、湖南省委书记；李瑞山，之前是陕西省委书记；赵辛初，粮食部长；张秀山，当过东北局的组织部长。除我以外的其他同志都是司局级干部。我年纪最小，没有什么职务，就是收发材料，打打杂。我记得，当年还有一位年轻的女服务员。不久，又来了两位打字员。

国家农委成立后，最重要最紧迫的一件事就是修改三中全会的决定（草案）和"农业六十条"，然后提请四中全会讨论。

修改工作基本是按照老套路进行。一是征求书面意见。将文件印发各个省、各个部门，还有大学和大专院校、部队，让他们提修改意见。同时要求限定时间上报。二是召开座谈会。我们开了好多个座谈会，把各部门的负责同志和地方的同志请来，讨论怎么修改。在这个基础上开始修改。修改工作由农委研究室的谢华、裴润和刘堪三位具体组织，其中，文字工作主要由刘堪负责。我也参加讨论，但主要是负责打印校对。

意见收上来后，我们就汇总，下面提了些什么意见，一条也不能漏。在这个基础上，研究怎么修改，哪些接受，哪些不接受，提出我们农委的意见，然后向中央请示。具体步骤是：研究室研究修改后，先以谢华名义送国务院秘书长助理袁木，袁木退回修改稿之后，再以研究室名义送农委领导，农委领导研究同意后，再上报给胡耀邦，胡耀邦批给胡乔木，由他最后把关。

地方提的修改意见，我们开始归为四大类。第一类是涉及重要指标和重大政策问题，有些意见不一致；第二类是对农业现状估计和历史经验总结问题有不同认识；第三类是一些补充意见；第四类是语言文字表述方面的一些意见。比如要求压缩文字，语言通俗一点。政策研究室请示农委的几位领导意见。

后来，杜润生主持起草了一份意见，正式向中央报告。报告将地方意见总结成五个问题，并对每个问题都明确提出我们的看法。一是重要指标究竟改不改；二是如何评价农业的成就；三是反倾向问题，也就"左"和"右"的问题；四是四项基本原则和阶级斗争问题；五是农业学大寨问题。当然，实际远远不止这些问题。针对每一个问题，农委给出了意见，报送给胡耀邦同志，胡耀邦批给胡乔木，几番沟通就改出来了。

关于农业成就的评价问题，原则通过的决定（草案），当时地方和农口部门的同志普遍认为评价太低，对成绩应该充分肯定。当时基本认识是，1970年以后农业战线实际是与"四人帮"对着干的，有的省农业发展很快。有的省干脆就说，他们省这十年农业发展很快。大家最不满意的是三句话，三个"很"，即"从我国农业现状来看，农业生产水平很低，农民生活很苦，扩大再生产能力很弱"。对这个问题，农委的意见是，"三中全会的说法是实事求是的"，有两个地方可稍微改一下。为精简文字，第一部分已经说清情况了，第二部分就不说"三个很"了；同时第一部分加上了一句话，"有些地方发展的还是比较快"。不过，我看到正式文件没加上这句。

关于农业学大寨问题。各省的意见比较一致，都认为还是要继续学大寨，说，这是毛主席号召的，周总理还肯定了大寨精神的，这个不能丢。原来三中全会前提交的稿子，还有一句话，"农业要上去，最根本的是要学大寨，这是我国农业的根本道路，农业学大寨的旗子永远不能丢，即使我们国家成了世界第一高产国，也要把大寨精神世世代代传下去"。这句话是当时中央一位领导同志说的。三中全会决定（草案）稿上没有这句话，只是泛泛地讲还要"抓好农业学大寨、普及大寨县的群众运动"。唯一明确反对学大寨的一份意见是人民大学提供的修改稿。修改稿明确提出不要学大寨，为此作了很多分析论述。这个问题怎么办？后来农委把两个意见折中了一下，就是"农业学大寨还要提，但普及大寨县运动不要说了"。

关于指标问题。文件提到了很多指标。第一类指标是生产类指标，比如粮食产量要达到多少。地方反映，高了，很可能完不成。第二类指标是投入、信贷、价格。提价的事没人反对。农业投资增加到18％，相关部门明确表示做不到。关于供销社下放的事，有部门明确不赞成。讨论这个问题时，农委的意见是，把指标分成三类。第一类生产性指标可以降低点，留有余地；第二类农业投入的指标，粮食收购指标，不能动；第三类指标是规划性质类，部署性质类，不要说得太死，说个幅度就行了。这主要是杜老的意见，大家都接受了，跟中央请示时也是这么写的。

关于供销社改革和成立社队企业总局的事。供销社要不要下放到公社？农委的意见是：文件不是说是试点吗，试点就试试看嘛，不行再说，所以就不要改了。不过，最后四中全会正式通过时还是把它改了，连试点也不搞了。要不要成立社队企业总局，农委意见是也不写了。

关于反倾向问题。重点是要防"左"。当时农委的意见是这么说，强调防"左"，反映了当时历史背景和主要锋芒，必须肯定；"右"也要适当注意。要增加的内容里，有一项是关于阶级斗争的，对农村阶级斗争做分析，要说清楚。农委的意见，"这个意见不考虑"，因为农村阶级斗争问题已经说清楚了，所以最终"不改"，但是必须把"四项基本原则"加进去。

国家农委上报请示主要就是这些问题。可真正最重要的一个问题，农委没有把大家意见反映上去，没有报告，向中央请示时压根也没提。三中全会决定（草案）里有一句很要害的话，"包工到作业组，联系产量计算劳动报酬"。地方对这句话反映非常强烈。虽然这个文件还写了，"不许包产到户，不许分田单干"。但，又可以"包工到作业组，联系产量计算劳动报酬，实行超产奖励"。作业组可大可小，一家弟兄三个就可以搞成作业组，所以包工到"组"实际可以直接包到"户"。搞农业的人一眼就能看出其中的奥妙。而且当时在安徽等个别地方出现了"包产到户"，就是用的"联系产量计算劳动报酬"这个说法。四中全会的文件就是用的这个词。当时赞成"包产到户"的人都明白，三中全会草案稿的那句话，暗含着对"包产到户"倾向的支持。但大家又都十分警惕。这句话，我们也不请示，也不研究。不过，实际上已经经过了研究室很慎重的研究和讨论，事实上上层领导对这件事早有安排。因为大家对这句话意见很大，我们研究室最早的修改稿接受了地方的意见把那一段作了很大的修改，实际上把这句话意思给否了。研究室的谢华、裴润、刘堪三人就定了这个修改意见，没报告农委主任，就直接送给了袁木。袁木退回稿子时，给谢华他们写了一段话，说他跟乔木商量了，这段文字不要动，这句话不要改，而且不管下边有多少意见都不修改。研究室这下有了底。

后来正式出台的四中全会的文件还是做了很大的修改，将"不许包产到户，不许分田单干"，改成了"不许分田单干。除某些副业生产的特殊需要和边远山区、交通不便的单家独户外，也不要包产到户"。《关于加快农业发展若干问题的决定》中最大突破就是这条。其实，四中全会之前，国家农委根据1979年三月召开的座谈会给中央写了个报告，报告里就有这句话。当时中央转发了这个报告。那时"包产到户"是个禁区，谁都不能讲。现在把"两个不许"，改成了"不许分田单干，也不要包产到户"。包产到户就是从这里实现突破的。

收集上来的修改稿，除了人民大学的较特殊外，四川省委的意见也比较特殊。四川省委提出，不要改，一个字不动。有两条理由：（一）这个文件下去农民干部都很拥护，现在不到一年就改，怕引起思想混乱；（二）这是历史事件，历史就是历史，当时就是那么写的，历史必须保留原样，如果有什么要改的，有什么新的变化，再发文件就是了，为什么要改呢？

1979年9月25—28日，党的十一届四中全会在北京胜利召开。会议通过了《中共中央关于加快农业发展若干问题的决定》。这个决定的通过，标志我们国家农村改革与发展进入了一个新时代。

期间还有件事值得一说，是关于农村地主富农的。有一天我突然收到公安部的一个文件，要给地主、富农分子摘帽。以前讲阶级斗争时，地主富农分两类：一类戴帽子，叫地主分子、富农分子；另一种不戴帽，属于地主成分、富农成分。戴帽的那类受到了严重政治歧视待遇。就是不戴帽的，也是受到严重不公平待遇。生产队每次开会时，那些地富子女不能坐，要站着听；出太阳的话，还要让他们去站着晒；劳动的时候，被放到一边；不能跟上级领导在一起；参军入党招工都是不被允许的。这些人唯一出路就是考大学出来，再参加工作、入党。我赶紧把这个文件送给领导。对于这个做法，当时我们都接受不了。农委讨论答复意见，都不赞成。杜老就说我们不答复了，就这么办。不曾想没过几天（1979年1月29日），广播就播出了《中共中央关于地主、富农分子摘帽问题和地、富子女成分问题的决定》，说，"除极少数坚持反动立场至今还没有改造好的以外，凡是多年来遵守法令，老实劳动，不做坏事的地、富、反、坏分子，经过群众评审，县委批准，一律摘掉帽子，给予人民公社社员待遇。地、富家庭出身的社员，他们本人成分一律定为公社社员，与其他社员一样待遇。凡入学、招工、参军、入团、入党和分配工作等方面主要看政治表现。"当时农村干部，特别是村支部书记，很难接受。记得，期间有次我去广西调研，坐火车路过湖南，在好几个岔道口，都看到一些村干部拉着"骂"这个政策的条幅。

四、两个长期管用的农村政策

我觉得，整体来看，十一届三中全会的决定（草案）的正式通过具有划时代的意义，开启了中国农村的改革进程，它不仅提出了多项稳定农村的政策，而且为调整国家和农民关系方面作出多项重大决策，最主要是系统地总结了过去的经验教训。

其中，特别是有几句话，二十五条措施开头的几句话，"确定农业政策和农村经济政策的首要出发点，是充分发挥社会主义制度的优越性，充分发挥我国八亿农民的积极性。我们一定要在思想上加强对农民的社会主义教育的同时，在经济上充分关心他们的物质利益，在政治上切实保障他们的民主权利。离开一定的物质利益和政治权利，任何阶级的任何积极性是不可能自然产生的。"这几句话我是牢牢记住了。从那以后，无论我是参与农业农村政策研究制订，还是推动决策，我始终把握住这点：出来的任何一项政策，绝对不能损害农民的利益。我们制定政策时，首先要考虑有没有侵犯农民权利，有没有损害农民利益，不给他好处可以，但绝不能损害农民的利益。对于很多政策，农民之所以不高兴，是因为这些政策侵犯了他们的权利，损害了他们的利益。有些事情，我们现在一下做不到，但方向必须明确，能改多少就改多少，最终是要把它去掉。在这之后的几十年，我参与了许多国家农业农村政策制定，碰到任何问题矛盾，我还是首先考虑这条，"有没有侵犯农民权利，有没有损害农民利益"。如果是领导定的事（会损害到农民利益），我没有权力改，我就不表态，但要我同意是不行的；如果征求意见，我肯定是要提的。我想，"绝不要损害农民的利益"，这对做好农业农村工作是永远管用的，也是我们今后做好农村工作必须把握住的。

还有，文件实现了"包产到户"的突破。三中全会的决定（草案），提出"包工到作业组，联系产量计算劳动报酬"，事实上是对"包产到户"的支持。当时我们都是这么认识的，地方很多同志提意见要把这句删掉，也是看到了这一点。因为之前他们都是在"联系产量计算劳动报酬"的口号下，搞"包产到户"。当年不少农口的同志强烈反对这条，但四中全会不但坚持，还突破了，把"两个不许"改成了"一个不许、一个不要"。我们国家的农村改革是从"包产到户"开始的，"包产到户"的开口又是从这个地方开始的，所以我总觉得这个文件是划时代的文件。

此外，文件提出的"正确处理国家与农民关系"到现在看也是对的，不但在当时起了很大作用，而且长期发挥出了巨大作用。要我看，后来80年代农业增产，不仅是包产到户的功劳，还应该包括粮食提价、化肥降价、增加农业投入、增加农业贷款、减少粮食征购、进口粮食、让农民休养生息等政策的功劳，但这些都不是长期性的，上面两个才是长期性的。

链接资料六：

中共中央关于加快农业发展若干问题的决定

中发〔1979〕4 号

（一九七九年九月二十八日党的十一届四中全会通过）

我国人民建设社会主义的伟大事业，进入了实现四个现代化的新的历史时期。我们党和国家的工作重心，从一九七九年起转到社会主义现代化建设上来。摆在我们面前的首要任务，就是要集中精力使目前还很落后的农业尽快得到迅速发展，因为农业是国民经济的基础，农业的高速度发展是保证实现四个现代化的根本条件。我们只有加快发展农业生产，逐步实现农业现代化，才能使占我国人口百分之八十的农民富裕起来，也才能促进整个国民经济蓬勃发展，加强工农联盟，巩固我国社会主义制度和无产阶级专政。为此，中央特作如下决定。

一、统一全党对我国农业问题的认识

为了加快农业发展，全党同志对我国农业的现状和历史经验，必须有一个统一的正确的认识。

建国以来，在马克思列宁主义、毛泽东思想指引下，经过亿万农民和广大干部的艰苦奋斗，我国胜利地实现了农业的社会主义改造，粮食产量一九七八年比一九四九年增长一点七倍，经济作物和林、牧、副、渔各业以及社队企业都有不同程度的增长，取得了很大的成就。有些地区，农业的发展尤其显著。全国兴修了大量的大中小水利工程，建设了一大批高产稳产田。化学肥料、农业机械、排灌机械和农村用电，都比过去有了很大的增长。但是，总的看来，我国农业近二十年来的发展速度不快，它同人民的需要和四个现代化的需要之间存在着极其尖锐的矛盾。从一九五七年到一九七八年，全国人口增长三亿，非农业人口增加四千万，耕地面积却由于基本建设用地

等原因不但没有增加，反而减少了。因此，尽管单位面积产量和粮食总产量都有了增长，一九七八年全国平均每人占有的粮食大体上还只相当于一九五七年，全国农业人口平均每人全年的收入只有七十多元，有近四分之一的生产队社员收入在五十元以下，平均每个生产大队的集体积累不到一万元，有的地方甚至不能维持简单再生产。农业发展速度不加快，工业和其他各项建设事业就上不去，四个现代化就化不了。我国农业问题的这种严重性、紧迫性，必须引起全党同志的充分注意。

过去二十九年我国农业的发展走过了曲折的道路。解放后的三年恢复时期和第一个五年计划期间，我们在全国范围内完成了土地改革，取得了农业社会主义改造的伟大胜利，有秩序地展开了大规模的社会主义经济建设，农业生产获得较大发展，这八年全国粮食产量平均每年递增百分之七。一九五八年，在人民公社化和大跃进中，广大人民群众破除迷信，解放思想敢想敢做的革命热情是非常可贵的，但由于我们对领导全国的社会主义集体农业既缺乏经验，又缺乏清醒的头脑，犯了"瞎指挥"、"浮夸风"、"共产风"的错误，再加上自然灾害和苏联政府废止合同、撤退专家，我国农业在五十年代末和六十年代初遭到了严重挫折。在党中央、毛泽东同志、周恩来同志领导下，经过全党和全国人民的努力，我们用了比较短的时间纠正了工作中的缺点和错误，战胜了困难，使农业很快得到恢复，并有了新的发展。在十年的"文化大革命"期间，林彪、"四人帮"反革命阴谋集团推行极"左"路线，严重地破坏了党在农村的各级组织、各项政策和党的优良传统作风，破坏了集体经济和工农联盟，极大地挫伤了广大农民和干部的积极性。只是由于广大干部和群众对林彪、"四人帮"的倒行逆施进行了抵制，我国农业才得以在七十年代保持一定程度的发展。

二十年来我国农业发展的经验表明，在社会主义改造完成以后，我们对阶级斗争必须有正确的估计和政策，必须十分注意保持社会政治安定，否则社会主义农业的生产力和生产关系遭到破坏，农业的发展当然不可能快。同时，我们在工作中一定要按自然规律和经济规律办事。我们过去在某些具体工作中没有真正把农业放在国民经济基础的位置上，采取的有些政策和措施不利于农林牧副渔业的全面发展和农民社会主义生产积极性的发挥，国家对农业的支持不够和没有充分生效，农业技术改造没有当作一项中心任务真正抓紧，农业科研和教育长期未得到应有的重视，农林牧副渔全面发展的方针也执行得很不好。这些也都妨碍了农业的迅速发展。因此，为了加快恢复和发展农业，我们应该牢牢记取以下的主要经验教训：

（一）我们一定要长期保持安定团结的政治局面。我们要在本世纪内实现农业现代化，实现四个现代化，没有这个前提，是根本不可能的。粉碎"四人帮"以来，全国安定团结，这个局面来之不易，我们必须珍惜它，爱护它，千方百计促进大好形势的发展。

（二）我们一定要正确地认识和处理农村以及全国范围的阶级斗争，正确地进行对农民的社会主义教育，防止"左"的或右的干扰，特别要注意肃清林彪、"四人帮"极"左"路线的流毒。农业合作化以后，我国农村中仍然存在着阶级斗争，但敌视和破坏社会主义的阶级敌人，只占人口中的极少数。因此，忽视或夸大阶级斗争，都是错误的。我们要坚决打击的，只能是确实存在着的极少数阶级敌人的破坏活动，决不允许混淆两类不同性质的矛盾，随心所欲地扩大阶级斗争和人为地制造所谓阶级斗争，破坏团结，伤害好人。长期的斗争实践证明，我国广大农民是坚决拥护党的领导，愿意走社会主义道路的。在实现农业现代化的斗争中，我们要更好地依靠和发挥他们这种积极性。对少数农民中存在的资本主义自发倾向，必须采取耐心的说服教育的方法，帮助他们自觉地加以克服。在这里，尤其必须首先分清究竟什么是社会主义，什么是资本主义。社队的多种经营是社会主义经济，社员自留地、自留畜、家庭副业和农村集市贸易是社会主义经济的附属和补充，决不允许把它们当作资本主义经济来批判和取缔。按劳分配、多劳多得是社会主义的分配原则，决不允许把它当作资本主义原则来反对。三级所有、队为基础的制度适合于我国目前农业生产力的发展水平，决不允许任意改变，搞所谓"穷过渡"。

（三）我们一定要集中力量抓好农业技术改造，发展农业生产力。在农业集体化的基础上实现对农业的技术改造，这是我们党在农业问题上的根本路线，任何时候都不能忘记。忘记了这一点，就不能巩固工农联盟，就不能用社会主义战胜资本主义，就背离了党和人民的根本利益。发展各项农业基本建设（包括水利、农田、草场、林业、渔场、畜舍、饲料加工厂、屠宰场、仓库、晒场、道路、沼气池和其它自然资源等各项建设）和发展农村社队企业，对于改造农业生产的自然条件，提高农民扩大再生产的物质能力，起了显著作用，必须十分重视。

（四）我们一定要持续地、稳定地执行党在农村现阶段的各项政策。经过实践证明行之有效的政策，切不可轻易改变，以至失信于民，挫伤农民的积极性。同时，对那些不利于发挥农民生产积极性，不利于发展农业生产力的错误政策，必须坚决加以修改和纠正。

（五）我们一定要坚定不移地执行以农业为基础的方针。党中央、国务院和主管经济工作的各部委，特别要注意保证这个方针的贯彻落实。制定国民经济计划，必须真正做到遵守农轻重的次序；保持农业和工业的平衡，各项建设事业的发展，首先要考虑农业的负担能力。国家、城市、工交、财贸、科学技术、文教卫生部门和人民解放军，一定要加强对于农业的物质支持和技术支持。

（六）我们一定要正确地、完整地贯彻执行"农林牧副渔同时并举"和"以粮为纲，全面发展，因地制宜，适当集中"的方针。粮食生产搞得好不好，关系到九亿人民的吃饭问题，关系到备战备荒，一定要抓得很紧。过去我们狠抓粮食生产是对的，但是忽视和损害了经济作物、林业、畜牧业、渔业，没有注意保持生态平衡，这是一个很大的教训。我们一定要把我国优越的自然条件充分利用起来，把各方面的潜力充分挖掘出来，使农林牧副渔各业都有一个大的发展。粮食作物和经济作物，也一定要按照各地区的特点，适当地集中发展。要有计划地逐步改变我国目前农业的结构和人们的食物构成，把只重视粮食种植业、忽视经济作物种植业和林业、牧业、副业、渔业的状况改变过来。

（七）我们对农业的领导，一定要从实际出发，一定要按照自然规律和经济规律办事，按照群众利益办事，一定要坚持民主办社的原则，尊重和保护社员群众的民主权利。决不能滥用行政命令，决不能搞瞎指挥和不顾复杂情况的"一刀切"。

粉碎了"四人帮"，扫除了我们前进道路上的最大障碍，我们有了充分利用各种有利条件的可能，也就有了加快农业发展的胜利信心。我们有优越的社会主义制度，有丰富的自然资源，有八亿勤劳勇敢的农民，有一大批久经锻炼的农村干部和农业科技人员。我国工业已经有了比较雄厚的基础，它可以逐步担负起用现代技术武装农业的任务。我国除了有十五亿亩耕地以外，还有广大的荒地、草原、森林、宜林宜牧的山区，有宜于水产业的淡水水面和海域。总之，发展农业的有利条件很多。只要我们坚持社会主义道路，坚持无产阶级专政，坚持党的领导，坚持马列主义、毛泽东思想，真正善于总结过去正反两方面的经验，始终遵循辩证唯物主义的思想路线，坚持实践是检验真理的唯一标准的马克思主义原则，不断研究新问题，总结新经验，我们就一定能够调动一切积极因素，在本世纪内实现农业现代化的伟大目标。

二、当前发展农业生产力的二十五项政策和措施

为了迅速改变目前我国农业的落后状况，我们必须着重在最近两三年内采取一系列的政策措施，加快农业发展，减轻农民负担，增加农民收入，并且在这个基础上逐步实现农业的现代化。

确定农业政策和农村经济政策的首要出发点，是充分发挥社会主义制度的优越性，充分发挥我国八亿农民的积极性。我们一定要在思想上加强对农民的社会主义教育的同时，在经济上充分关心他们的物质利益，在政治上切实保障他们的民主权利。离开一定的物质利益和政治权利，任何阶级的任何积极性是不可能自然产生的。我们的一切政策是否符合发展生产力的需要，就是要看这种政策能否调动劳动者的生产积极性。其次，我们还必须切实加强国家对农业的物质支持和技术支持，使农业得到先进的技术装备，使农民的科学技术水平逐步得到提高。如果离开这种支持，单纯依靠农民本身的物质力量和积极性，农业还是不可能高速度发展，尤其不可能实现现代化。农民的积极性充分调动起来了，国家的支持才能发挥更好的效果；国家加强了对农业的支持，农民的积极性也就会越来越高涨。这两个方面是相辅相成的。

从以上的指导思想出发，中央认为，当前必须采取如下二十五项农业政策、农村经济政策和增产措施。

（一）人民公社、生产大队和生产队的所有权和自主权应该受到国家法律的切实保护，任何单位和个人都不得任意剥夺或侵犯它的利益。在坚持社会主义方向，执行国家政策、法律、法令，接受国家计划指导的前提下，人民公社的基本核算单位都有权因时因地制宜地进行种植，有权决定增产措施，有权决定经营管理方法，有权分配自己的产品和现金，有权抵制任何领导机关和领导人的瞎指挥。

（二）任何单位和个人，绝对不允许无偿调用和占有生产队的劳力、土地、牲畜、机械、资金、产品和物资。国家各部门在农村举办各种企事业（农民自愿举办和各种企事业不在内），除了国家有法律法令规定的以外，决不允许给集体和社员增加任何负担。举办农业基本建设，发展社队企业，都要坚持自愿互利的原则。在国家计划以外，任何单位不准向社队抽调劳动力；计划内抽调的合同工、临时工，必须签订合同，规定合理报酬。

（三）人民公社各级经济组织必须认真执行各尽所能、按劳分配的原则，多劳多得，少劳少得，男女同工同酬。加强定额管理，按照劳动的数量和质量付给报酬，建立必要的奖惩制度，坚决纠正平均主义。可以按定额记工分，可以按时记工分加评议，也可以在生产队统一核算和分配的前提下，包工到作业组，联系产量计算劳动报酬，实行超产奖励。不许分田单干。除某些副业生产的特殊需要和边远山区、交通不便的单家独户外，也不要包产到户。社员口粮的分配，一般采取劳动工分粮和基本口粮相结合的办法，也可以采取按工分分配加照顾的办法，或者采取社员大多数决定的其他办法。基本口粮应当以人分等定量。随着集体经济的发展，要逐步办好集体福利事业，使老弱、孤寡、残疾社员、残废军人和烈军属的生活得到更好的保障。

（四）社员自留地、自留畜、家庭副业和农村集市贸易，是社会主义经济的附属和补充，不能当作所谓资本主义尾巴去批判。相反地，在保证巩固和发展集体经济的同时，应当鼓励和扶持农民经营家庭副业，增加个人收入，活跃农村经济。

（五）人民公社要继续稳定地实行三级所有、队为基础的制度，集中力量发展农村生产力。不允许在条件不具备、多数社员又不同意的时候，搞基本核算单位从生产队向生产大队的过渡；条件具备了，大多数社员同意了，实行这样的过渡，要报省一级领导机关批准。目前已经实行生产大队为基本核算单位并有条件坚持下去的要继续努力办好。

（六）今后三、五年内，国家对农业的投资在整个基本建设投资中所占的比重，要逐步提高到百分之十八左右；农业事业费和支援社队的支出在国家总支出中所占的比重，要逐步提高到百分之八左右。地方财政收入应主要用于农业和农用工业。

（七）对农业的贷款，从现在起到一九八五年，要比过去增加一倍以上。国家要有计划地发放专项长期低息或微息贷款，有的十年，有的十五年，有的可以到本世纪末。为了适应发展农村信贷事业的需要，中国农业银行应当积极做好农村的信贷工作。

（八）粮食统购价格从一九七九年夏粮上市起提高百分之二十，超购部分在这个基础上再加价百分之五十。棉花、油料、糖料、畜产品、水产品、林产品等的收购价格，也要分别情况，逐步作相应的提高。农业机械、化肥、农药、农用塑料等农用工业品，在降低成本的基础上逐步降低出厂价格和销售价格，把降低成本的好处基本上给农民。农产品收购价格提高以后，粮食销价一律不动；群众生活必需的其他农产品的销价，也要基本保持稳定；某些必须提价的，要给予消费者以适当补贴。今后，我们还要根据国民经济的发展情况和等价交换的原则，对工农业产品的比价，继续进行必要的调整。

（九）在今后一个较长的时间内，全国粮食征购指标继续稳定在一九七一年到一九七五年"一定五年"的基础上，并且从一九七九年起减少五十亿斤，以利于减轻农民负担，发展生产。水稻地区口粮在四百斤以下的，杂粮地区口粮在三百斤以下的，一律免购。绝对不许购过头粮。

（十）继续坚决地、大力地、因地制宜地搞好农、林、牧、副、渔各业生产、储运、加工所需要的农业基本建设。以粮食生产为主的农业区要继续以治水和改良土壤为中心，大力植树种草，实行山、水、田、林、路综合治理，积极地逐步地改变生产条件，提高抗御自然灾害的能力，建设旱涝保收的高产稳产农田。同时因地制宜地兼顾经济作物生产和林、牧、副、渔业。到一九八五年，全国灌溉面积和高产稳产田面积都要有一个较大幅度的增加。国家要继续兴建一批大型水利骨干工程，地方要以搞好中、小工程和配套工程为主，实行大、中、小相结合，专业队和群众性施工都要充分动员群众，展开民主讨论，从当地实际情况出发，作出全面安排和长远规划，有步骤地加以实施。对基本建设和当前生产要统筹兼顾。

（十一）要在充分利用现有耕地的同时，在有条件的地方，由国营农场和人民公社有计划地开垦荒地。社、队新造耕地，从收获之年起，五年不计征购。垦荒不准破坏森林、草原和水利设施，不准妨碍蓄洪泄洪。有条件的地方，也可以围海造田，但是不能影响和破坏海盐生产，用于生产养殖和其它生产更为有利的内湖和海涂，不要围垦。工矿企业要认真解决污染问题，防止对水源、大气等自然资源和农业的损害。一切机关、团体、部队、企业和学校，不准随意占用公社和农场的耕地、草牧场和林地。必须进行的基本建设，也要切实节省用地，并尽量不占或少占耕地。要尽快制定和颁布土地法。

（十二）努力办好国营农场，为国家提供更多的商品粮食、经济作物和其他农副产品。目前仍然亏损的农场，要限期扭亏为盈。搞得好的，盈利多的，职工收入可以增加。一九八五年前，国营农场利润不上缴，用以扩大再生产，搞好多种经营，兴办农畜产品加工业，发展推销自己产品的商业，尽快建成农工商联合企业，在农业现代化中发挥示范带头作用。

（十三）迅速增加化肥、农药、农用塑料和各种除草剂的生产，并保证产品质量。广积农家肥，多种绿肥，多制饼肥和其它有机肥，积极扩大秸秆还田。增产化肥，要努力使氮、磷、钾保持合理的比例。各种农药、除草剂和农用塑料制品也要大幅度地增产。要广泛推行科学施肥、科学用药，充分发挥化肥和农药的效能，认真研究防治化肥、农药对作物、水面、环境造成污染的有效方法，并且积极推广生物防治。

（十四）积极选育、引进和推广良种。在继续搞好大队、生产队种子田和县、社良种繁育场的同时，尽快建立省、地、县的种子生产基地，有步骤地实现种子的生产专业化、加工机械化、质量标准化、品种布局区域化。要建立健全种子公司的经营系统，搞好品种审定、良种繁殖和普及、经营管理、种子检验、防止种子退化和种子混杂等规章制度，并早日制定颁布种子法。良种供应要优质优价，保证增产。

（十五）要因地制宜地发展农、林、牧、副、渔业的机械化，提高牧业机械的比重。要积极发展农业运输机械和装卸机具。要切实搞好农机工业的调整、改革、整顿、提高，改进产品质量，降低生产成本，逐步做到标准化、系列化、通用化，认真解决好农机具的配套问题和零备件的供应问题。现有农业机械的配套问题和各类农机具的零备件问题一定要在两三年内解决好，这样现有农业机械的耕作效率就可以成倍地提高。今后主机和配套农具、零备件一定要按比例生产。农业机械部要做好统一管理农业机械的科学研究、设计制造、使用管理、维修保养、供销服务和人员培训等工作。拖拉机站的建立可以采取两种形式，一种是社、队自己购买，社、队资金不足的由国家贷款援助；一种是国家设立拖拉机站为社、队服务，收取合理的费用。这两种形式，以前一种为主。

（十六）在抓紧粮食生产的同时，认真抓好棉花、油料、糖料等各项经济作物，抓好林业、牧业、副业、渔业，实行粮食和经济作物并举，农、林、牧、副、渔五业并举。要把各方面的积极性充分调动起来，把一切可以利用的资源逐步开发利用起来，使整个农村经济繁荣起来。

（十七）大力开展植树造林，注意提高成活率。要集中力量营造西北、华北、东北一线防护林体系，华北、中原、东北等地的农田林网化和四旁绿化，长江以南十省的速生用材林，南方、北方的经济林基地，东北林区的迹地更新等重点建设。对一切可能绿化的荒山荒地，各地都要从实际出发，订出切实可行的规划，限期绿化。要努力采用先进技术，加强森林资源的综合利用，做到合理采伐。积极培育、引进和推广优良树种，注意发展木本油料和木本食用作物。认真执行森林法，切实保护森林，严禁乱砍滥伐，坚决纠正重采轻造、忽视管理的错误做法，严防森林火灾。

（十八）大力发展畜牧业，提高畜牧业在农业中的比重。应特别注意发展牛、羊、兔等食草牲畜。畜牧业不但要看饲养量和存栏量，更重要的是要提高出栏率和出肉率。继续鼓励社员家庭养猪养牛养羊，积极发展集体养猪养牛养羊。积极改良畜种，加强草原和农区草山草坡的建设，兴修水利，改良草种，合理利用草场，实行轮流放牧，提高载畜量。做好牲畜的防疫工作。尽快颁布草原法。要在我国牧区和大中城市郊区，有计划地兴办一批现代化的畜牧场和家禽场，兴办一批现代化的屠宰厂、冷冻厂和畜产品加工厂。

（十九）合理利用水产资源，加速渔业生产，增加水产品产量。要充分利用开发水面和滩涂，以极大的努力发展淡水和海水养殖业，因地制宜地养殖鱼、虾、贝、蛙、海带、紫菜等各种水生动植物，并且积极扩大精养面积。要由一定的机构或专人负责，从资源的调查和利用、资金和物资的扶持、技术指导、产品加工等各方面作出切实的安排，以保证各类养殖事业能够得到迅速的发展。切实调整近海作业，积极开辟外海渔场。认真贯彻执行水产资源繁殖保护条例，尽快颁布渔业法，加强渔政管理。采取先进技术和装备，促进渔业捕捞、养殖、加工和储运的现代化。要逐步建成一批渔业基地。在城市郊区也要大力发展各种水产养殖事业，有条件地推广工厂化养鱼、养虾。

（二十）社队企业要有一个大发展，逐步提高社队企业的收入占公社三级经济收入的比重。凡是符合经济合理的原则，宜于农村加工的农副产品，要逐步由社队企业加工。城市工厂要把一部分宜于在农村加工的产品或零部件，有计划地扩散给社队企业经营，支援设备，指导技术。对社队企业的产、供、销要采取各种形式，同各级国民经济计划相衔接，以保障供销渠道能畅通无阻。国家对社队企业，分别不同情况，实行低税或免税政策。

（二十一）商业工作要认真贯彻执行等价交换的原则，搞好城乡物资交流。从农村收购农副产品，必须按质论价，严禁压级压价。对农村所需要的生产资料和生活资料，要做到供应及时，保证质量，价格公道。粮、棉、油等统购物资和其他农副产品的统购、派购和议购都应签订合同，遵守合同。不准强迫命令。

（二十二）农业要努力发展出口产品的生产。国家决定拨出一笔专项外汇，用于支援各省、市、自治区发展经济作物、土特产、畜牧业、副业、渔业以及相应的加工工业，在国家统一计划下，生产在国际市场上销路好、换汇率高、资金回收快的产品。具体办法由国家计委会同有关部门拟定。

（二十三）我国西北、西南一些地区以及其他一些革命老根据地、偏远山区、少数民族地区和边境地区，长期低产缺粮，群众生活贫困。这些地方生产发展快慢，不但是个经济问题，而且是个政治问题。国务院要设立一个有有关部门负责同志参加的专门委员会，统筹规划和组织力量，从财政、物资和技术上给这些地区以重点扶持，帮助它们发展生产，摆脱贫困。对其它地区的穷社穷队，也要帮助他们尽快改变面貌。国家支援穷队的资金，要保证用于生产建设。

（二十四）必须坚决地继续努力实行计划生育，认真做好这方面的宣传教育工作，纠正那种生硬的不适宜的办法，保证医疗服务和药物供应。要采取更有效的政策、措施，其中主要是经济措施，使全国人口增长率逐年下降，一九八五年要降到千分之五左右。

（二十五）保护和调动广大农村基层干部的积极性，是加快农业发展的极为重要的一个环节。农村基层干部的绝大多数是好的和比较好的，他们长年累月和农民群众在一起，顶风冒雨，战天斗地，任劳任怨，对我国农业作出了很大贡献。除了极少数坏人，对犯了错误的干部，一定要立足于教育，帮助他们改正错误，继续前进。基层干部工作中的不少错误，是由中央和上级规定的任务和政策不适当或不明确造成的，应该由中央和上级承担责任。在过去的历次政治运动中，在基层干部中造成的错案、假案、冤案，必须抓紧甄别平反。公社干部和农业技术人员的工资福利待遇要有步骤地予以适当解决。大队主要干部的收入应当略高于当地同等劳动力的收入水平。工作做得好的干部，应给予表扬和物质奖励。要制定专门的计划，在政治上、文化上、管理上和专业技术上，加强对他们的培养教育。公社、大队和生产队各级干部都要坚持按期由社员代表大会或社员大会选举，并经常接受群众的监督。各项经济账目要按时公布。社队要坚持民主管理，干部要发扬民主作风，坚持参加集体生产劳动。要保持干部队伍的稳定。

各级党委要继续引导广大干部和农民学习大寨的基本经验，即坚持政治挂帅、思想领先的原则，自力更生、艰苦奋斗的精神，爱国家、爱集体的共产主义风格。同时要坚决执行党的农业政策和农村经济政策，学习国内外的好经验，努力掌握先进的科学技术，学会经营现代化的大农业。我们的事业是日新月异的，在过去的学大寨运动中已经涌现了一大批先进单位，今后新的典型还将源源不断地涌现出来。大寨和全国一切先进单位，都要对自己一分为二，努力创造新成绩、新经验，为加快我国农业的发展速度作出新的贡献。

三、实现农业现代化的部署

全面实现农业现代化，彻底改变农村面貌，这是我国历史上一场空前的大革命。为了实现这样的目标，必须从我国人口多、耕地少、底子薄、科学文化水平低，但幅员广阔、自然资源比较丰富、有众多的劳动力等特点出发，认真总结我国自己的经验，虚心学习外国的先进经验，尽可能避免技术先进国家曾经出现的弊病，走出一条适合我国情况的农业现代化的道路。我们在抓紧落实上述二十五项政策和措施的同时，必须继续调查研究，精心地作好分阶段逐步实现农业现代化的规划，已经看准了的问题，要果断地作出部署，组织好各方面的力量，扎扎实实地做好工作，保证其胜利完成。

（一）实现农业现代化，迫切需要用现代科学技术知识来武装我们的农村工作干部和农业技术人员，需要有大批掌握现代农业科学技术的专家，需要有一支庞大的农业科学技术队伍，需要有数量充足、质量合格的农业院校来培养农业科技人才和经营管理人才。同时，要极大地提高广大农民首先是青年农民的科学技术文化水平。这些任务要用几年、十几年的时间来完成，我们必须从现在开始就抓得很紧很紧，一刻也不能放松。必须彻底纠正那种认为农业现代化可以不要高度现代化的科学研究和教育事业，农业科研机构和农业高等院校可有可无，农业发展工作可以不要专家积极参与的错误观点，迅速恢复和加强他们所必须具有的研究条件和教学条件。要组织全国科学技术力量研究解决农业现代化中的科学技术问题。中央要办好中国农业科学院和北京农业大学等几个重点的高级农业科学研究院和高等农业院校，各省、市、自治区要根据农业区域规划办好一批农业科研机构、农业学院和中等农业技术学校，逐步形成门类齐全、布局合理的农业科学技术研究体系。同时，要切实地加强技术推广工作。县、公社、生产大队、生产队四级农业科学实验网就是农业技术推广网，县以下主要要抓好试验、示范、推广和技术培训工作。各地要尽快制定规划，着手轮训县、社、队干部，培养当前农村急需的农机手、农业技术员和财会人员，在今后几年内就做到所有干部基本上轮训一遍，各社、队都有足够数量的合格的农机手、农业技术员和财会人员。下乡、回乡知识青年都有一定的文化水平，又有了一些实践经验，要鼓励他们立志务农，分别不同程度、不同情况，吸收他们到农业院校或中等农业技术学校或各类训练班学习，努力把他们培养成建设现代化大农业的骨干力量。

（二）实现农业现代化，要积极地有计划地开展农业机械化的工作。农业机械化必须服从生产的需要，从实际情况出发。要引进、制造和推广适合我国特点的先进农业机械，切实搞好配套和维修服务，充分发挥农业机械的效能，大幅度地提高劳动生产率。根据资源条件努力兴办农村小水电站、小火电站。大力推广沼气。各地都要根据当地的条件，确定推广的步骤和具体要求，纳入农业基本建设规划，安排和供应必要的资金和材料，组织技术训练。要积极利用风力和太阳能。采取一切切实可行的措施，扩大农用能源。要因地制宜地开展农田水利和草原灌溉，分别南方北方、山地平原、水田旱田的不同情况，能引则引，能蓄则蓄，能提则提，逐步发展喷灌，实现农业水利化，做到灌排自如，高产稳产。要加快发展农用化工产品，使我国农业逐步拥有数量充足、质量优良、品种丰富、价廉物美的化学肥料、农药、塑料薄膜和除草剂等产品，以适应农业高速度发展的需要。农业部、林业部、农垦部、农机部、水利部、电力工业部、化工部，要根据农业现代化的要求，密切协同，在一九八〇年内，分别作出实现农业现代化的全面的长期规划，以及切实可行的年度实施计划，认真加以贯彻执行。

（三）实现农业现代化，整个农业必须有一个合理的布局，逐步实行区域化、专业化生产，不断提高农业生产的社会化水平。不这样做，农业就不可能实行大规模的全面的机械化，不可能大规模地全面地采用一系列的先进科学技术。同时要使农林牧平衡发展，不同地区要根据各自的自然条件，宜农则农，宜林则林，宜牧则牧，或者以一业为主，搞好多种经营。国务院有关部门和各地区要组织力量，在三年内完成全国范围的土壤、气象等自然条件、自然资源以及人口、交通运输、工业、商业、科学、教育等社会条件的普查，在此基础上会同当地有丰富经验的农民和农村干部，共同研究制定出在不同范围内、不同程度上逐步实现区域化专业生产的规划，作好农、林、牧、渔、工、副、内外贸、交通运输、科学教育、财政金融等方面互相配合的规划。我们还要在认真搞好规划的基础上，扎扎实实地搞好试点，边实践边总结，有秩序、有步骤地前进。

（四）国家的农业投资必须重点用于建设一批商业粮、经济作物、畜牧业、渔业和林业基地。这些基地，可以是现有国营农业企业的扩大，可以是垦荒举办新的国营农场和集体农场，也可以在人民公社联合的基础上兴办，它们都要逐步运用先进的机器设备，采取科学的生产方法和管理方法，成为提高劳动生产率和商品率都很高的现代化大农业企业。有的基地除了经营农业外，还要经营农副产品加工业和商业，逐步发展成为农工商一体化的联合企业。农业、林业及其他科技研究单位要同基地密切联系，互相协作，促进生产技术的提高。有了一批这样的基地，国家所需要的商品粮食、棉花、油料、糖料、果品、畜产品、水产品和林产品等，就有了更可靠的保证。发展商品农产品基地是建设社会主义现代化大农业的一项重大战略措施，我们一定要集中必要的国家投资，用很大的精力来把它们办好。

（五）农业的现代化，一时一刻离不开现代工业和交通运输业的武装。在两三年内，我们必须根据我国农业的特点和现代化的要求，根据各地的不同条件和生产需要，统筹安排，按照专业化协作的原则，组织好全国农用工业的合理布局。要使得各种农业机械，各种农用化工产品，都能经济合理地进行大批量生产，不断地提高质量，降低成本。农机部、化工部等有关部门应当根据实际需要，分别设立若干专业公司，加强经营管理，讲究经济实效，切实把农用工业搞上去。农业机械部要按照经济区域，面向农村基层，建立和健全农业机械化服务公司，把农业机械和各种农用化工产品的供应、维修、租赁、回收、技术传授、使用服务，逐步地统一经营起来，做到方便及时，减少社队开支。在交通运输方面，要努力建设联结城市、县镇和农村的公路，在一九八五年基本上做到县县、社社通汽车，同时加强牧区、林区、渔区的交通建设。

（六）必须根据经济合理的原则，努力建设现代化的农畜产品加工工业，以适应和促进农业的现代化。农畜产品的加工工业，一定要建立在集中产地，就地利用产品资源，尽可能做到综合利用，并且同当地交通运输条件相适应，合理布局，方便城乡销售和供应，这样才能充分发挥经济效果。农业部、农垦部、轻工业部、纺织工业部、商业部和供销合作总社要会同国务院其他有关部门，经过同各省、市、自治区认真商量，尽快制定出这方面的建设规划。

（七）有计划地发展小城镇建设和加强城市对农村的支援。这是加快实现农业现代化，实现四个现代化，逐步缩小城乡差别、工农差别的必由之路。我国农村现在有八亿人口，有三亿劳动力，随着农业现代化的进展，必将有大量农业劳动力可以逐步节省下来，这些劳动力不可能也不必要都进入现有的大、中城市，工业和其他各项建设事业也不可能和不必要都放在这些城市。我们一定要十分注意加强小城镇的建设，逐步用现代工业交通业、现代商业服务业、现代教育科学文化卫生事业把它们武装起来，作为改变全国农村面貌的前进基地。全国现有两千多个县的县城，县以下经济比较发达的集镇或公社所在地，首先要加强规划，根据经济发展的需要和可能，逐步加强建设。还可以运用现有大城市的力量，在它们的周围农村中，逐步建设一些卫星城镇，加强对农业的支援。北京、上海、天津、沈阳、武汉和其他一切有力量这样做的城市，要在当地党委的统一领导下，负责带好几个县的农业现代化。

（八）实现农业现代化，要贯彻执行集中力量打歼灭战的方针，一片一片地搞，一块一块地吃。这就是说，要波浪式前进，不要撒胡椒面似地全面铺开。农业机械要集中使用，配套成龙；用于农业的财力、物力要重点投放，这样才能充分发挥效力。条件具备的地区，可以先搞、多搞。先搞的地方，生产显著上升，农民的收入很快增加，这是一件好事而不是坏事，它在全国将会产生极大的示范作用和推动作用。在开头几年，如果先集中把占全国人口百分之五的地区搞好，那就会有四千多万人先增加收入，这在世界上就是一个相当大的国家，在国内就大大扩充了国内市场，就是一个了不起的成就。这对八亿农民是个很大的鼓舞。

中央认为，实现农业现代化对我们来说是一项全新的事业，以上各点还不能说是完全成熟的意见，应该在实践中继续加以补充、修正和完善。中央希望各级党委和政府，特别是农业部门，广大农村干部和农业科学技术教育工作者，要继续深入实际，认真搞好调查研究，为推进农业现代化的伟大事业作出更切实、更有效的努力。

四、加强党和政府对农业的领导

高速度发展农业生产，积极建设现代化大农业，是全党和全国人民的宏伟事业。一定要全党动员，全国动员，大办农业。从中央到地方的各级党委和政府，都要把农业工作放在首要地位，把实现农业现代化当成长期奋斗的重要目标，切实加强领导，统率浩浩荡荡的大军进行这个史无前例的伟大战役。

长期以来，有些党委、政府机关和有关业务部门对农业的指导和管理，往往习惯于单纯依靠行政命令的办法规定一般措施，要求下级以至农村社、队千篇一律地执行。这种做法因为它脱离实际，脱离群众，常常事与愿违，挫伤农民积极性，造成农业生产建设的损失，妨害农村经济的活跃和发展，应该认真加以改变。

各级党委必须切实抓好党的路线、方针和政策的贯彻执行，切实抓好加快农业发展和逐步实现农业现代化的大政方针。加强农村党支部建设，发挥党员的模范带头作用。同时认真做好对广大干部和农民的思想政治工作，把政治工作和经济工作很好地结合起来，保证各项生产建设任务的顺利完成。农业生产和建设方面的具体业务，应该充分发挥各级业务机构的作用，让他们独立负责地去做，党委不要事事过问，什么都抓。如果党委陷到了具体业务中去，党不管党，以党代政，那就不但使政府部门和农业企事业单位无法进行有职有权有责和有计划有秩序的工作，而且必然削弱党的领导，甚至失去党的领导作用。

国家行政部门在管理农业方面，要独立负责，做好一系列工作。例如，全国性或地区性的生产建设的规划，重大水系的治理和大中型水利工程的建设，商品粮、经济作物、畜牧业和渔业基地的建设，重点林区和草原的建设，农业现代化要切实搞好机械化的研究、规划和实施，自然资源、土壤情况的调查及其利用、改造的规划，农业科学技术的研究和推广，农业教育的规划和实施，农业投资、物资的正确使用和分配，种子公司、肥料公司、饲料公司和农机服务公司的筹建和经营，等等。这些都是各级农业部门和有关业务部门应该做而且必须做好的事情。为了切实加强这方面的工作，国家农业委员会应当负责研究和提出全国农业生产建设方面的方针政策，会同国家计委并统一领导有关部门制定农业的长远规划和年度的计划，统筹安排农业资金、物资的分配使用，审查确定和指导全国性的或若干省区、若干部门协同进行的农业重大建设项目的实施，协调农业各部之间、农业部门与其他部门之间、中央部门与各地方之间的工作配合，解决农业工作中的重大问题。

中央部门和地方部门对农业的管理，要有明确的分工，职责分明。凡是涉及全国或几个省协力办的事情，由中央部门负责。凡是涉及全省或几个县协力办的事情，由省的部门负责。地区和县也是如此。上级对下级不能包办，以便下级充分发挥主动性。

各级行政机关对于农村集体经济单位的生产和建设，应该而且必须给以必要的计划指导，但制定计划必须走群众路线，自下而上地充分调查研究，酝酿讨论，搞好综合平衡；除有法律规定者外，不得用行政命令的方法强制社、队执行，应该允许他们在国家统一计划的指导下因时因地制宜，保障他们在这方面的自主权，发挥他们的主动性。有关业务部门和科研机构在科学种田方面对社队进行指导，也要力求这种指导是科学的、切合当地条件的，而且必须遵守群众自愿的原则，采用我们多年来行之有效的典型示范的方法，防止强迫命令和瞎指挥。

我们要适应农业现代化这场革命的需要，必须从根本上改进领导作风和领导方法，恢复和坚持实事求是、联系群众、发扬民主的优良传统，提高领导水平和领导艺术，在实践中增长领导现代化大农业的才干。要自觉地按照自然规律和经济规律办事，坚决克服那种不从实际出发，不讲经济实效，不尊重科学，不走群众路线的坏作风。要坚决反对主观主义、官僚主义和形式主义，反对一切不解决问题而徒然耗费大量人力物力的会议、号召、汇报、检查、参观和各种公文旅行。要坚决实行责任制，一切工作都要有专人负责，消灭任何环节的无人负责现象。

重要的问题在于学习。我们的各级干部，尤其是领导干部，不仅要继续认真学习马列主义理论，努力做到完整地、准确地掌握毛泽东思想的科学体系，掌握党的路线和政策，还应该具备必要的科学技术知识和经济科学知识，学会先进的农业管理方法，努力把自己变成一定岗位的专家。对干部特别是领导干部，要进行经常的严格的考核，做到是非分明，功过分明，赏罚分明。对那些学习好、工作好、作风好、敢于解放思想、提出问题、研究问题和解决问题的干部，应该给予奖励，加以提拔。对那些老是不学习、长期当外行、人云亦云、贻误工作的干部，要调动他们的工作或给以必要的批评、处分。我们的任务十分艰巨繁重，必须十分注意发现人才、培养人才和使用人才，以便造就一支宏大的、德才兼备的、能够领导和管理现代化农业的干部队伍，来完成我国农业战线上的这场伟大革命。

外　篇

1978 年起，中国农村吹起了改革春风。这场农村改革是从调整农户与土地关系入手的；农村土地制度改革又是从包产到户开始的。从包产到户，到实行家庭联产承包责任制，到农村"三块地"改革试点，再到农村承包地和农村宅基地"三权分置"……农地变革仍然在向深入推进。在这场土地变革中，我的老家——江苏长江南岸的一个小村也悄然发生着变化。

老家 1978 年之后的地事之变

魏登峰

真得感谢费孝通老先生，让我们苏南江村，有幸作为中国传统农村社会的代表，站到世界的舞台，引起关注。费老笔下的江村是具体的，又是抽象的。随着社会各界相关研究讨论的不断深入与扩展，如今的"江村"更是作为一般意义上的江南农村，甚至是部分地代表中国乡村而出现的。

（一）普通的苏南小村

老家也算一般意义上的"江村"，处在长江南岸，与那个费老调查的江村——苏州开弦弓村，相距不远，同属吴文化圈。以市（县级）为单位上溯历史，6 000 多年前就有先民在此活动繁衍。在市里有一处遗址，出土了代表新石器时代马家浜晚期文化的文物 300 多件。以村为单位，家谱记录可上溯至明朝，而村东岗上的一座古庵可以上溯到宋代。庵前的有一棵高百米左右，主干径长达一米的公孙树，据说已有 750 岁，是当地的"树王"，远近闻名。

早年听老辈人讲，现在村里主姓（步姓）家族不是原居民。在清前中期，当时殷姓氏家族被从本县另外一个地方迁入的步姓氏家族所替代，当然这个替代并不是和平式的。至今村东头仅存有一座二进的破落老祠堂，在一些不显眼处留有未被完全擦净、未被完全遮盖的"殷家祠堂"旧字迹。祠堂大门前现留有一对径长见米的大白石门当，雕刻有麒麟、祥云、鹿、葡萄等，甚是精美。这对门当至少百年以上，所以在成为了村史代表的同时，也成为一些贼人惦记之物。据说，几年前一个深夜，这两块石刻差点被盗。所幸住在旁边的一位村民起夜，误打误撞吓走了贼人。贼人跑得匆忙，一块石刻被摔成了两块。为了防止再次被盗，村人现在用水泥固定在祠堂大门口。

我们步家村是自然村，是个"小生产队"。据村民组长讲，村里在籍户数 43 户，人口 150 人。不过，他们中真正常年留在村里生活的，顶多也就一半。出生在 20 世纪 70 年代中期及往后，还有那些分家单过的年轻人，基本都在县城有了房，平时也住在城里。常年住在村里的，主要是老人和未成年的小孩，还有几户租客。村里的人早已不靠农为生了，而且也很少有人还在搞农业。年轻人全外出谋生，有靠手艺吃饭的，有在企业工厂打工的，也有自己创业的……上了年纪的人，只要能力还许可，就会在附近找个工做做，辅以种点自家吃的菜。我们这里民营经济很发达，中小企业较多，普通务工月收入在 3 500 元左右。用老乡的话讲，大家的生活水平"比上不足，比下有余""马马虎虎，还是可以的"。

出于对尊重家乡和保护乡亲的考虑，其中出现的老乡一律用化名。

（二）闹心的征地

春节期间（2017 年），我带着小孩回老家。按照老家风俗，大年初一村里人都要挨家挨户地拜年问好。

"现在我们村的人心不齐！我们老百姓就是百人百心呀?!"不曾想，大年初一拜年礼节性祝福后，一位叔叔辈分的老乡贺真竟然来了这么一句。贺老叔那时刚满 60 虚岁，一辈子与地打交道，是个地道的老农。早些年还当过村代表，在大伙心中是个敢说话的人，用土话讲是村里的"老头""刺头"。所以，他有点不受村里及上级部门待见。在一些村民眼里，他却是敢为大家利益说真话的人。

不等我问，贺真继续说了。一是高速公路出口征地的补偿款为什么不发？二是上面（开发区）为什么少给他们 300 元征地的青苗费。这两问也揭开了我们村的地事之变。

我所追溯的地事之变，肇始于 1978 年的那场农村改革。

当年，落实党中央土地政策，我们村也将土地分给了农户。因为当年多位负责此事的经办人已经不在，具体细节无从得知，但有一点可以明确，最开始村民是有抵触的。这种抗拒有来自于对政策本身的不认可，觉得这不是一个好办法。前面邻村就有这么一个极端例子。一位农民担心包产到户后干不好，选择了极端方式离开了人世。但更多的人是出于对政策稳定性的不乐观。"可能因为真是被之前的变去变来折腾怕了。"贺真解释说。

新中国成立后的农村土地政策演变大致是这样：先是土改实现耕者有其田；然后是合作化；然后是人民公社，"三级所有，队为基础"；再后来是统分结合的双层经营的农户承包制，现在叫"家庭承包经营制度"。大体经历了是"分—合—分"的过程。需要指出的是，现在的"分"与当年的"分"，在概念和内涵很不一样，有性质上的不同，决不能同日而语，一个是私有性质，一个是公有制基础。党的十八届三中全会后，中央深化农村土地制度改革，探索出了"三权分置"等新政策。

值得一说的是，当年的"统"，在我们村子也不是那么"绝对"。在人民公社时代，尽管集体大一统占据绝对地位，村民却或明或暗地都有一块很小的自留地，而且一直是如此，用于种蔬菜、播山芋、下（蚕）豆等。靠着这点地的收获，帮助支撑他们在那段艰苦的年代坚强地生存。

（三）"一包就行"

村里 1981 年的那次包产到户，是在一阵队哨声中正式拉开帷幕的。队哨声在之前可是村民上工时收工的信号。"会是在村里会计家开的。"贺真回忆说，每户都到人了，把他家的那间 8 平方米的堂屋挤得满满的。当时的队长讲，中央说了，要包产到户，各家各户自己去种。彼时，全国其他不少地方已经搞承包有二、三个年头了。中央也正是在 1982 年发出"1号文件"（即《全国农村工作会议纪要》），正式肯定了土地的农民家庭承包经营制。

那次承包，每位村民分到 1.5 亩左右的水田，好坏远近还适当地搭配了一下，也不是人人都满意。据村民讲，一些争议最终也是通过抓阄来解决，比如选田的先后顺序。我家那时有 5 口人，奶奶因户口不在村没有资格分，其他四个人分到约 6 亩田，不过小而散，有 10 多块，其中，最大的一块是 1 亩，最小一块是 1 分，位置上分布在村东村南村北各处。好像这也是村里的平均水平、通常状况。

我们村也是"一包就行"。水稻亩产从之前 500、600 斤，最多是 800 斤，一下提高到并稳定在 1 000 斤左右。另外，从此前重点种双季稻，逐渐转为搞麦稻两熟制和油菜水稻两熟制。"总之，大家有了干劲。"贺真说。以前，过完年（正月十五）后有一段时间，就会不同程度闹饥荒，是大家最难熬的日子，当地叫"难熬三春头"。自从种上自家的地后，大家干劲很足，粮食当年就丰收了，乡亲们在第三年头（1983 年）也就告别了年后的"饥荒"。

（四）"种和收"的问题

分开经营后，农户很快遇到一个"种和收"的问题——插秧和收稻。"人误地一时，地误人一季"。种地需要抢时间，尤其是在那个农业科技物质装备支撑水平不高的年代。每次插秧和割稻，老天爷就给那么几天时间，当年村里就只有一辆拖拉机，还是跑私人运输的，农活全靠人工。一户也就二、三个劳动力。一个劳动力一天满负荷干活，也就插 0.5～0.6 亩秧，收 1 亩稻。每年那几天，互助协作的传统就又回来了。几户人家商量一下，今天你家，明天我家，大致排个序，然后集中力量帮忙一户先完成。由于村里打水灌溉安排都按片来的，这样就可能使得田处在一片的几户人家要同时开工，这就还得请更远的亲戚朋友来帮忙。

那几天，对我们这些小孩子而言，是快乐的。一是放假不用上学。那时候中小学校会放几天农忙假，让我们小孩也帮一下手。二是能吃得好点，有时候会有肉。在我们那儿一直都有这个习俗，要为前来帮忙的人置饭，还得上点好菜。

我还记得，插秧那两天，家里大人会起得很早，做好早饭后就去拔秧苗，捆好，再挑到待种的田块里，放到一角养着。大概也就是 6 点左右，住在 6 里外的姑姑就来了，匆匆吃完早饭就和父母下地了，带上一个热水瓶和几个瓷缸杯。这时，我也会跟去。大致作个任务分配后，大人就会把整捆的秧均匀地抛向田块，以方便插秧时取秧苗，然后大家从一边开始插秧。有时我也会要求插上一行，一方面能享受光脚在泥里趟着走的滑溜感；另一方面也算完成学校要求帮助做农活的任务。

所以每到插秧和收稻季，站上村东头高岗上，就会看到一幅传统乡村社会的"守望相助"农耕图。

（五）"交 任 务"

家庭承包经营要求先"交够国家的，留足集体的"，"剩下的才是自己的"。农户们面临最大的难题就是"交"和"留"，土话叫"交任务"。

"交"就是给国家交公粮。公粮分为两类：征粮和购粮。征粮是强制性、纯义务的，实际上就是交农业税。据村里老人讲，当时一亩地是50多元，折算成粮食也就是70多斤（1985年，0.7元/斤），这个价格也叫定购价。购粮是国家强制性地按稍高一点价格（1985年，0.72元/斤）收购农民的粮食，这个价格也叫议价。随着市场的不断放开，这两个价格之间的差距是逐年变大的。不过再到1998年粮食流通体制改革，这两种价格就统一了。

"留"就是集体的"三提五统"。村民并不会区分这么清楚，而且他们也觉得根本没有必要，在他们眼里都是交给上面的任务。

"任务"是层层分解下来的，并最终落到每个农户头上。计算办法通常是这样的：以乡镇（以前是人民公社）上报的耕地面积为依据，综合各种条件估算出一个亩产量，减除当地人口口粮后，就能算出任务。比如，我们村年亩产通常算为1000斤，国家规定每人一年口粮是450斤（小孩的口粮标准会略减），那么，任务总额＝全乡总亩数×1000－全乡人口×450。乡里再依据这两个指标分解到行政村（大队），行政村再分解到自然村（生产小队，村民小组）。这里的人口数、口粮标准都可能根据实际情况进行一些调整，而亩产水平除了会随年景好坏调整外，还会根据地块品级质量适当调整。此外，有时还能适当扣减极少量的养殖用的饲料粮。以我们村为例，由于地一半是丘陵，所以估产就是900斤。"当年实际产量也就500斤、600斤，哪来的900斤、1000斤！所以没有办法，村里只能瞒报田亩数了。"贺真讲。

聊天的过程不时有人来串门拜年。这当口，现任的村民小组长步忠来了。他肯定知道更多情况，我也就有意多留他一会，给他点上了一支烟，又沏上一杯茶，邀请他加入这次闲聊。

"以前我们村水田有 200 多亩，上报也就一百几十亩。如果加上山坡地、菜地什么的，可用于种水稻的田怕有个二百几十亩。"步忠说，这样村里有近一半田没有上"户口"，"所以尽管上面给的任务很重，但真要平均到田块上，任务还是打了很大的折扣。"

"这种隐而不报的行为有违国家政策，当年你们不怕?"我追问了一下。

"那时我还不是队长，但我知道大伙都这么干，如果据实报上去，完成任务了，人也可能又得挨饿了。"步忠说。当时我突然就有了感慨：其实我们的农民是最有生存智慧的，他们几千年之所以能生生不息，除了能吃苦耐劳外，还是有两把刷子的。

"说是征购，其实都见不到钱的。"贺真说。当年早稻和晚稻收下来后，老乡们就得自己装好袋子往乡里的粮站送。"最担心是品级不达标，粮站会不收。"所以每次看着粮站验粮员拿着那两尺长的"粮食探子"（粮食扦样器）向袋子刺进去时，村民都是心里惊惊的，生怕一个不合格。品级不够，可以数量来补。差品级的按一点几比一折算成合格的。"每次都会多带上个一、二百斤粮，以备不需。"贺真说。

村民每次交粮的前一天，先要把稻谷再晒一下，装好袋。第二天一大早就装上人力小板车。从村里到镇里粮站有四、五公里，主要是碎石子路，要走 40 多分钟。到了粮站，需先到一个窗口领一张条，确定具体数量，然后排队验谷，过秤，卸粮，领结算单。如果幸运还能当场拿钱。这时，交公粮的阶段性任务算是完成了。

真正完成任务则要等到年底的结算。统购部分的粮食最终都会折算成钱，农户需要上缴的任务，也都会折算成钱。这时，村里会计就会拿出一本账来：要交乡里的教育费附加、计划生育费、优抚费、民兵训练费、修建乡村道路费等是多少，村里提取的公益金、公积金、管理费是多少，打水费是多少……"这部分钱七算八算基本上就会抵掉大家征购公粮扣除农业税的剩余款了。"步忠说，所以征购粮食大家也是见不到钱的。农民真正想要挣钱，是靠做手艺，靠到乡镇企业打工，靠搞副业。

（六）逃离农业农村

可能不少人还记得这么一句话，"农村真穷，农民真苦，农业真危险。"我们现在也许有点难以想象，80 年代后期起一直到 20 世纪末，农民生活又会过得那么艰苦。按说，粮食都够吃了，也有很多乡镇企业来发展经济，生活应该不用太愁了。步忠说："就是负担给搞的。"

按照当时政策规定：农民需要交的农业税及其附加最多也就是产量的30%；"三提五统"总量不能超过农民上年纯收入的 5%。这样算下来，负担并不是很重。但架不住乱收费、乱摊派和乱罚款……那是种地农民的一段灰暗日子。

村民开始想方设法逃离村子。在那个年代，农民迁出户口并不意味着就能迁入城镇。有些人还算顺利，以知青返城名义成功将户口迁到了县城。可村上也有几位老乡当年千方百计地迁出了户口，却没能入户。很长一段时间，户口是拿在自己手里。更料想不到的是：当年几乎决绝式的逃离，也给这些人落下一些不良后遗症。一是他们中无论是知青返城，还是掏钱迁户口，如果没有好的门路，都未能在城镇找到稳定工作，这就给后来养老的事留下了难题。二是不能享受村里的集体性福利。当年谁也没有能想到，曾带给村民们"负担"的土地，现在成了香饽饽。从 2006 年起，种地可以拿到国家补贴，现在是每亩 100 多元。也就是 2006 年前后，市政府从旧城区搬到距村子 1 公里处的新大楼办公。这样，当年那个穷乡僻壤的小村子，被正式纳入当地城镇化发展的重点区。这过程中，如果地被征用，村民还可以得到一笔不菲的补偿。

"一进一出，两相比较：他们算是得不偿失。"步忠有些庆幸。因为当年他退伍转业时，对回村子也有过犹豫。

值得一说的是，这两年国家和地方也出台了一些政策，设法将这部分人也管了起来：我们地方的出台政策，对这些人适用了新型城乡养老政策。他们从年满 60 周岁起，一个月能从国家领到 150 元养老费。几年前，村里也实施了人性化操作，允许一些符合条件的人把户口迁回来，但暂时不能享受集体分配的福利。

（七）三次征地

村子福利绝大部分来自于村子分三次被征走的土地。

20 世纪 90 年代初，建设沪宁高速公路征走了村子北部 50 多亩地（还有十几亩之说）。"好像就赔了万把元钱！"贺真说，"但根本见不到钱，据说只是挂在村户头账上，年年结利息。利息就是 5 厘。算下来，一年才 50 元，能干个啥？"村民们并没有因此获得一分钱的好处。尽管如此，这条串起长三角最发达经济带的高速路很具有象征意义，村里的人们每晚都能听到一辆辆汽车飞速驰过的啸声，觉得南京上海离我们并不太远。越来越多的年轻人就此离开村子，走进大城市了。我们村子被纳入了新的发展轨道。这是村子融入城镇化的开端。

2004 年前后，我们村子的行政隶属管辖发生了变化。村子原来隶属的行政村与周边几个村撤并成一个新的行政村。这个变化是由 1998 年启动的农村税费改革所引起的，而税费改革的最大动因就是治理农村"三乱"。当年的决策者认为，农村之所以存在"三乱"，一个重要的原因是基层机构臃肿，吃官饷人太多。所以，同时启动、配套推进了乡镇机构改革。其中的一项重要内容就是撤并镇村。当年江苏又是国家重点先行试点地区，所以力度很大。那次撤并，我们市的乡全部被撤并成镇，小村也都并成了大村。

不久之后，我们村行政区划又被调到开发区，所在的行政村也被改制成社区。我记得那时给家里写信，必须填写开发区的邮编，不然就寄不到。也就在同时间段，几户村民在开发区买房定居了。

2006 年前后，沪宁高速公路拓宽，又征了村里 40 多亩地。"这次给了 2 万元。仍是只挂账，不见钱，每年结利息。"贺真说。不过，由于收入相对多了点，第二年村里就进行了一次分红，符合条件的村民拿到了近百元的过年红包。

2016 年高速公路增建出口，这次又一下征走了村里东头的 135 亩地。与前两次相比，这次征地补偿在村里引起迄今为止最大一次的集体事件，几乎分裂了村民。"我们查到，国家规定是征地每亩补偿十几万，就是江苏省也有七、八万元。可实际上我们一分钱也拿不到！"贺真讲。这个说法我没有找到依据，倒是通过公开途径查到了相关标准：2013 年，市里征用农地，安置费每亩 1.7 万元，征地补偿费每亩 2.1 万元，青苗费每亩 1 000 元。计算得出每亩总共补偿 4 万元左右。

2016 年 9 月份，村里十几位代表专门去村部讨要说法，毫无结果。"开发区是想给农民一个长久保障，所以钱不分下去，而是一亩地解决一个人的养老保障问题。"步忠讲，"这是江苏省 2013 年推出的统一做法[①]（2013 年 12 月，《江苏省征地补偿和被征地农民社会保障办法》），叫土地保障。"男性村民从满 60 周岁起，女性村民从满 55 周岁起，每月可以领到 670 多元养老金。"这次征走 135 亩地，开发区说可以解决村里 135 个人的养老问题。这也基本上把全村的人都能覆盖了。"

"搞保障，我们不反对。"贺真说，"但为什么我儿子不能算？他的户口也在家。还有青苗费，为何要扣三百？"

随后来串门拜年的步和生听到这个话题，也加入了讨论，"省里政策是征地后，立刻就兑现（所谓'即征即保'）。土地去年（2016 年）9 月份就征走了，可我们这些老头子（61 岁）到现在一分钱也没有拿到。"

"不会少你们一分钱的，只是需要有个时间来做的。"步忠应付了一句，接着说，"我还有几个人家要去拜下年，先走了！"

（八）早点做个了断

步忠走了，贺真和步和生一下子好像没有了讲话对象。然而这时，我的同年玩伴步文增来串门了。几句新春祝福过后，也讲起了征地的事。那次村民代表去村部，也有他，但他的诉求好像不在补偿费的事，而是村里剩下的那些地为什么不分。这也是相当一部分农户的想法。

盘点一下村里的地，大致情况是：宅基地 70 亩左右；水田 70 亩左右；山地 100 亩左右，其中，22 亩出租给开发区用作灵堂，租金 800 元/亩，80 来亩出租给人种桉树，100 元/亩。步文增所说的地，就是那 70 亩水田。他们的诉求非常简单：按人口数平均，分到户，"这也是国家政策。"不过，现在村里（干部）不同意分，而且那次去的 12 位村民代表也有明确不同意分的。因为这个事，村民们已经分成了两派。关于征地补偿

[①] 《江苏省征地补偿和被征地农民社会保障办法》第二条规定：本办法所称征地补偿和被征地农民社会保障，是指国家将农民集体所有的土地征收后，依法给予被征地农民和农村集体经济组织补偿，安排被征地农民的社会保障费用，将被征地农民纳入城乡社会保障体系的行为。

的事，更是将村民搞得各说各话，各认各理。这中间好像也有一条"利益"的分水岭：牵涉谁的利益大，谁就叫得响、闹得凶！他们都知道国家正在搞土地确权的事，市里也在推进，但他们对"这过程中解决分地的事"信心不大。

尽管有这样那样的不平或争议，贺真，步和生，步文增无不希望，土地（承包地）征用之后，村里拆迁能早一点到来，那就可以一次彻底做了断，此后也不再需要去操心他们地的事了。

不知不觉，就到了午饭点。贺真和步和生率先告辞。步文增又和我聊了一些北京的事后，也起身告辞，"要快点赶回城里的家，我答应女儿带她看周星驰的贺年电影了。"

（九）亦城亦乡亦生活

家乡经过长长的时间大河冲刷，变得陌生了；也只有陌生家乡，才能积淀下那些历经的沧桑世事。每年除短暂停留看望父母之时，能获得些许现实观感变化，家乡的模样几乎还停留在 20 年前那个夏天，那时我提着一个大行李箱，离村而去。所以尽管这儿是我们的故乡，可觉得她离我却很远，我只是一个过客、看客。或许也因为如此，我才有可能看到家乡的更多变化，才能不时地被触动，才愿意去记录。

我很希望自己能不带着任何感情色彩去观察和记录，但每次只要踏上故土的那一刻，那些既陌生又熟悉的人、树、花、草、桥、路，甚至是空气的味道都会让我走神。人同此情，所以我相信，每个人笔下的故乡都是有情感归属的。这次故乡的地事，毫无疑问，存有我的个人感情。

自古以来，土地对于一个王国和她的国民都具有非凡的意义。一个王国强盛与否的直接表现就是占有土地的多少。《大学》有言："有德此有人，有人此有土，有土此有财，有财此有用。"土地是国之民与国家发生关系的载体纽带。土地也一直是农民的命根子。通过耕种土地，农民获得赖以维生的吃食，还通过交纳田赋地税支撑起整个社会的发展。在今天，土地对于国家与农民仍然具有举足轻重的作用。无论是作为生产性资源，还是作为发展性资源，土地仍然是农民进行农业生产的物质基础，仍然是一个国家生存和发展的物质基础。此外，土地还具有一份感情归属依托。失去了土地，国与民将会无本无根。

农村的土地之于当下城镇化十分重要，为其空间扩张提供了基本保障，而且我国近几十年的城镇化发展，主要就是以地域范围扩张为标志的。这个过程中，农村土地资源流向了城市。但这又何尝不是农村对城镇化发展的一种融入呢?! 当然这种融入真正实现与否，还有更为重要的一条评判标准：人的融入。

可以讲，能从城市获得谋生开始，对农民而言就是开启了他（她）的城镇化进程。这是一个较长的过程。农民自有他们的生存智慧，在给定的条件下，在保证制度的足够公平前提下，他们会尽最大的努力，以赢得他们像样的谋生。当然，他们也较容易满足，"给点阳光就会灿烂"。我的乡亲就是这样的一群人。这里的人们在半城半乡、亦城亦乡之中，逐渐完成他们身份的蜕变，这或许是城与乡之外的第三状态。在这种第三状态下，乡亲们自得其所。

我们村发展变迁也许是中国农村社会发展变迁的一个缩影。在城镇化快速发展的今天，家乡的地事之变或许更具观察意义。乡村融入城镇化过程中所有的好，所有的坏，在这里都碰到了。

希望每个人的生活不要被苛求按照一个标准去谋划，也不要按照一个模式去演绎，更不要按"特定"路线走下去，所谓"条条大路通罗马"。

（2017 年 3 月 7 日）

后　记

给历史留下一点印记

从十几年前不小心踏入农业农村领域始，段老的大名就一直如雷贯耳。那时，段老正忙于研究国家农村大政，为高层提供决策参考。我只是在一些会议、讲座上，坐在后面，远远地听听段老在主席台讲解政策时事、分析理论机制、释解公众疑惑。

理论政策往往比较枯燥，通过段老嘴里讲出后却少有这种感觉。段老每每讲起道道来，举的是亲身经历事例，使的是时下流行词汇，表述形象生动吸引人。不管是讲大道道，还是讲小道道，都会让人亲切轻松，不经意间就会跟着他走了进去。

几年前十分幸运地在段老亲自指导下写了一段时间文字。这也成为人生难得机会，能得到这么高水平"三农"问题大家的指点。近距离的段老，是一个大专家，更是一位智者、一位长者。

几乎涉及农业农村农民的随便一条政策，段老都可以信手拈来，旁征博引，一五一十讲清楚；对于相关时事问题，段老都可以追本溯源，寻根找据，见识总是高人一头。

这也是自然的。段老几乎经历了新中国成立后农村变革的全过程。在参加工作四十多年中，一直在国家决策部门从事农业农村政策研究工作，对我国相关政策发展演变有着深入系统的认识，对"三农"问题有着自己独到的见解。20世纪90年代以来，多次牵头起草中央农村工作会议文件。他就是一本中国"三农"发展史的活字典。退休后，又在全国政协和中国扶贫基金会继续发挥作用，为中国"三农"发展贡献智慧和力量，为国家减贫事业奔走呼吁。

每次主持研讨，段老开头通常是这么一句："这个怎么办？"其实段老早已经过深入思考，往往也已有了自己答案，他希望通过这个设问，把大家注意力和思考聚集到一个点上，同时这也是他兼容并蓄做人做事原则的集中体现。

段老十分关怀青年人的成长。他说，这是受当年杜老（杜润生同志）的影响。"后生可畏"，应该倾囊相授，帮助年轻人增进学识，成长进步。段老会尽其所知所会，不厌其烦细致耐心解答我们的疑问，哪怕是很小一个问题。很多时候，借着一起吃饭聊天，段老会主动把一些理论政策讲给我们，而且一讲就讲得透透的。我们是如沐春风里！

"何不写出来呢?!"段老很是坚决地否定了这个提议，"自己实在没有做过什么大事，感觉没有什么好写的"。

"还是讲讲吧!""讲讲故事就行。"架不住多次约请和"软磨硬泡"，也出于对曾经为之奉献所有的"三农"事业的一份牵挂，段老终于在2014年元月答应："好吧，那我就讲讲亲历的农村变革的一些事。我来说，你来记。"

德者必有言。

采访整理工作断断续续，一直到2015年的6月份，历时整整一年半。

采访时，我们总是先给段老倒上一杯热茶，段老坐下后会再点上一支烟，然后以一句"这次讲点啥"开场。烟火热茶交织发射而出的轻雾萦绕中，段老带着我们一起走进他的过往。不断点烟续水中，我们会不知不觉地度过几个小时。

对于采访后整理出的每篇初稿，段老都悉心审改，字斟句酌；对于整理中碰到的任何问题，段老都会尽自己所能，以最大的诚意来知会我们。

采写发表得到了中国农村杂志社李文学、王太等老领导的支持，还得到了王翔、许雪亚、陈丽娜、牛震等同事的大力帮助。书稿已先后分11期在《农村工作通讯》陆续刊发。这次修订并结集成书，也算是完成当初的一个约定。这次能顺利成书，也得到中国农业出版社的大力帮助。在此一并致谢。

其实，我与广大读者一样，内心还有一份更大期许：正如，当时推出一篇之后，大家期待下一讲的心情一样，我作为一位采访整理人，也热切期盼着下一篇，一直不停。十分遗憾的是：我们将1978年十一届三中全会作为一个时间顿点。我希望也相信，这只是一个暂时停顿。

海洋再广阔也是由一滴滴微小水珠汇聚而成，历史再宏大也需要一个个具体的人来串场演出。识往才能更好地知来。回顾一些经历，不只是为个体人生描摹留影，更多是给历史留下一些印记，给后来者提供一点鉴言。

跟随智者，哪怕是不经意地受熏陶或受教一下，都会有所收获，肯定会受益终身的。"我所亲历的农村变革"，段老用亲身经历和真切感悟给我们搭起了一架认识增知的梯子。

很有幸先听为快，很有幸参与其中。

借此机会，向段老和那些为中国"三农"事业奋斗的人们致敬。

魏登峰

2018 年 5 月